U0001830

不得了！超有料的體育課

歷史篇

古代人更瘋運動

企劃　**小木馬編輯部**

文　**王致凱**

圖　**傅兆祺**

小‧木馬

讓愛閱讀的小朋友，開始享受運動的好處

陳怡璇 小木馬出版總編輯

　　《不得了！超有料的體育課》是小木馬編輯團隊歷經一年的企劃製作，趁著四年一度 2024 巴黎奧運年送給小讀者的系列作。來到這堂超有料的體育課，不僅僅活動筋骨、揮灑汗水，還將帶給孩子與運動及體育賽事相關，涵蓋科學、地理歷史，以及數學等面向的有趣知識，是以體育為出發的跨領域文本。

　　從前從前，曾經有好長的時光，我們的學習和成長擁抱著「萬般皆下品，唯有讀書高」的社會氣氛，然而現在的我們已經知道並非如此，我們也都開始明白，運動對大人小孩所帶來的好處，不僅僅是強健體魄與體力。對小小孩，運動可以協助訓練小肌肉、手眼協調能力、追視能力；對學齡兒童來說，運動是生活的平衡、同儕相處、團隊合作等的練習，也是身心放鬆和放電的好選擇；孩子大一點，若仍能持續堅

毅執著的在體育場上投入與付出，許多家長和大環境也願意栽培孩子，往成為體育選手或相關產業發展的可能。

　　隨著媒體的多樣發達，無論在台灣或是世界各地，許多體育賽事也已成為家人朋友相聚的焦點，許多體育選手是我們搖旗吶喊的對象，是孩子心中的偶像典範。

　　和體育相關的可不僅僅只有賽事和體能、技巧等的展現。如果我們用數學腦看體育、用科技腦看賽事、用歷史風土理解體育，那麼一堂體育課將能看到更多有趣的觀點和見解，《不得了！超有料的體育課》系列書，正是希望熱愛運動的小讀者們可以藉由閱讀，認識更多有趣的知識。反過來說，也希望這個有趣的系列，可以讓愛閱讀的小朋友，也能開始享受運動的好處。

目次

跆拳道 🥋

自行車 🚴

現代五項 ✿

鐵人三項 ◎

角力 🤼

凱開 小學五年級

反應很快、身體協調性佳,擅長跑步,最喜歡看田徑比賽,尤其是賽跑最後衝刺到終點的那一刻。除了田徑,對於其他運動進行的方式就一知半解。

小學五年級 派派

是凱開的同學。很喜歡看各類球賽,對於運動明星如數家珍。不擅長運動,但是會參加團體的運動項目,例如躲避球、籃球,因為派派說,她是用頭腦在運動。

王海莉 體育老師

外表甜美可愛的樣子,但其實是大力士,擅長一切體育項目,但如果要跳舞的話,就會手腳打結。因為小時候出生是巨嬰,爸爸以大力神海克力斯來命名。

社會科老師 林利斯

是凱開和派派班級的級任老師。運動狂,每年一定要參加鐵人賽、馬拉松路跑,還很會打桌球,自比小林同學,但是大家都叫他小林老師。

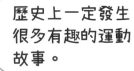
歷史上一定發生很多有趣的運動故事。

什麼?體育課不是跑跑步、活動身體就好了,還要上……**歷史課**?!

想知道各種運動項目的起源,以及規則是如何制定的,就一起翻開這本書吧!

上課囉!

○Q1
人類史上第一次運動會
比什麼？

我猜是賽跑。

我猜是踢足球！

最早有紀錄的運動會，就是希臘舉辦的奧運會，當時比賽的項目是跑步，而且只有這一項比賽哦！

人類史上第一個運動會是比跑步！

西元前 776 年，大約是 2800 年前，希臘的奧林匹亞村舉辦了跑步比賽，這是人類史上所知的第一個運動會，也叫做奧運會。不過，這第一屆奧運會的比賽項目並不像現代奧運會有二十幾個項目，而是只有跑步這一項，跑步的距離是 192.27 公尺。

192.27 公尺的距離，相當於現代奧運田徑項目 200 公尺短跑，最快紀錄為 19.30 秒，由牙買加的尤賽恩‧伯爾特選手保持。而古代沒有碼表，並沒有留下獲勝時間的紀錄，不過歷年獲勝者的名字都有被記錄下來。當時有紀錄的第一個跑步冠軍為來自伊利斯城邦的柯諾布斯，他是一名廚師和麵包師傅。

奧運會每四年舉行一次，短跑項目維持了幾屆後，陸續增加了 400 公尺跑步、角力、拳擊、戰車、馬術、長跑，以及五項全能等。比賽天數也由一天，延長為五天，成為當時很重要的體育盛會。

西元前 530 年的一個雙耳陶罐上，描繪著賽跑選手競技圖。　圖片來源：維基百科

不是誰都能成為跑步選手

古代奧運會的參賽選手一定要是具有純正希臘血統的男性，外國人、有犯罪紀錄的，以及奴隸不能參加。女性則被禁止參加比賽，也不能觀

賽。到了西元前約 720 年，因為要展現身體的力與美，比賽跑步時，選手都不穿衣服，並在身上抹上橄欖油，藉以凸顯肌肉線條。比賽時，選手身體直立起跑，由裁判員判定有沒有人犯規、是哪位選手抵達終點，如果有平手的狀況，就再比一次。

　　古代的希臘是由幾個城邦組合而成的國家，各城邦對於治理國家有不同的想法，在西元前 4、500 年時，雅典和斯巴達兩城邦在伯羅奔尼薩半島開戰，舉辦奧運會時，還訂定了停止戰爭的協議，好讓各地的選手能平安抵達奧林匹亞，可見得當時奧運會的重要程度。

為什麼短跑的距離是 192.27 公尺，不是整數？

當時的比賽場地叫作斯他德（stadion），是一條直直的跑道，長度相當於 192.27 公尺，據說這是古希臘神話中的海克力斯吸一口氣能夠跑到的距離。運動場的英文 stadium 就是源自於 stadion 這個字。

奧運的由來

奧林匹亞在古時候就是一個宗教聖地，是人們崇拜宙斯神，舉行祭典的地方。為什麼後來加入了運動比賽，有幾個流傳的說法。

其中一個是，強大的比薩國王有一個公主波希達米亞，國王下令任何想要娶公主的人，都要駕駛戰車帶她離開，而國王會駕著戰車在後面追趕，被追到的人就會被矛刺死。但是大家都知道，國王的戰車是海神送的，沒有人能跑得比國王快。

這個比賽太可怕，輸了就連命都沒了……

公主的愛人佩羅普斯說服了國王的手下，偷偷把車輪的軸銷換成了蠟製的。比賽那一天，國王的車輪軸銷因為過熱融化，國王因此從戰車上摔了下來，被佩羅普斯殺死。之後，佩羅普斯成為了國王，並舉辦戰車競賽，以紀念比薩國王。戰車競賽就成了運動比賽的起源。

Q2
第一次運動會的冠軍獎品只是一根樹枝?!

奧運冠軍才具有資格配戴的橄欖花冠。

還記得第一屆古代奧運的冠軍得主嗎？沒錯，就是那位跌破眾人眼鏡、超會跑步的麵包師傅——科諾布斯。科諾布斯的獎賞，是一頂由橄欖樹枝所編成的花冠，這頂冠軍花冠可不是隨便請人到花園中折下幾根小樹枝，隨手編成花冠就草草了事。製作花冠的人得是兒童，這些孩子不能是孤兒或是單親，一定要父母都健在；他們會持著純金打造而成的刀子走到宙斯神廟，從廟旁的橄欖樹上割下細細的枝條來編織花冠。

橄欖枝的意義深遠

為什麼是橄欖枝，而不是楓樹樹枝或是蘋果樹枝？這就要從希臘神話中找線索了，神話故事中，當時的雅典還沒有名字，智慧女神雅典娜和海神波賽頓都想成為這座城市的守護神，於是眾神決定，只要他們能賜予人類最需要的東西，就能成為城市的守護神。

波賽頓投下三叉戟，在地面上刺出一個大井，從井中噴出源源不絕的海水，象徵可以應付戰爭的強大戰力；而雅典娜則是默默在井邊種下

一株枝葉茂密的、意味著和平的橄欖樹，因此眾神決定將城市命名為雅典，讓雅典娜擔任守護神。自此，橄欖也成了「和平」與「勝利」的象徵。

橄欖

楓樹

蘋果

生活中隨處可見的橄欖枝符號

古代除了奧運冠軍可以配戴橄欖花冠之外，新娘結婚時也會配戴，可見橄欖枝被賦予的神聖意義。古代硬幣上也常看到橄欖枝，如古希臘雅典、羅馬的硬幣。直到近代，橄欖枝所象徵的和平意義更加強烈，常被畫入圖中，或是用來表示拒絕戰爭的和平訴求，例如 1775 年，美國的大陸國會為避免與英國開戰，發起「橄欖枝請願書」。

西元前 200 ～前 150 年的古希臘雅典硬幣，貓頭鷹四周被橄欖枝所圍繞。　圖片來源：維基百科

奧運冠軍獎品的演變

奧運場上的冠軍，並非只能拿到象徵榮耀的橄欖花冠，還是有不少屆的冠軍可以獲得豐厚的獎勵。

像是西元前 2 世紀的奧運冠軍，獲得了 3 萬德拉馬克（德拉馬克為古希臘的貨幣單位），這個天價數字可以讓冠軍一輩子不愁吃穿。而冠軍更享有其他的禮遇，可能是不用繳稅、參加活動時可以坐貴賓席，甚至是大家為他建造雕像等。現代奧運開始後，第一名的選手可以獲得銀製獎牌及橄欖枝，第二名則是銅牌和桂枝。到了 1904 年的夏季奧運會，才改以金牌頒發給冠軍選手，亞軍和季軍則獲得銀牌和銅牌。除了獎牌，還會獲得奧運會頒發的證書，而獎金則是各個國家給予選手的獎勵，每個國家都不盡相同。

◎Q3
短跑起跑姿勢是模仿動物？

既然是模仿動物的姿勢，一定是模仿速度最快的獵豹吧！

古希臘哪有獵豹！

現在短跑的預備姿勢，是一位美國教練看到袋鼠的動作所想出來的喔。

人類短跑的預備姿勢模仿袋鼠。

綜觀人類悠久的跑步歷史，可以發現，人類一直以來都是直立著跑步，那麼為什麼在短跑項目起跑時，預備姿勢近似於蹲下呢？這個奇怪的「蹲踞式」，是查爾斯・謝里爾從袋鼠身上得到靈感，所發明出的起跑姿勢。

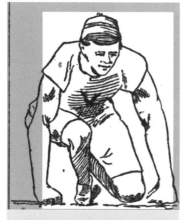

當時的報紙還特別描繪出謝里爾比賽時的起跑姿勢。

謝里爾是美國的政治家、作家，還是一位運動員，在 1888 年的一場短跑比賽中，他代表耶魯大學出賽，當其他選手於起跑線前聚精會神的站好時，只有他彎下腰，將手指貼在地面，一旁的發令員一度以為謝里爾不知道該如何起跑，還上前詢問。不過這場賽事跌破眾人眼鏡，使用「奇怪姿勢」起跑的謝里爾勇奪冠軍，而在接下來的幾場賽事，他連續奪得第一，讓這個起跑姿勢聲名大噪。

第一個在奧運中使用蹲踞式的運動員

1896 年，第一屆現代奧林匹克運動會在希臘雅典盛大展開，在短跑項目中，美國的田徑選手湯瑪士・伯克使用蹲踞式起跑，並在 100 公尺和 400 公尺的項目中勇奪金牌。這個像袋鼠般的奇怪姿勢，藉由雅典奧運，深深烙印在世人心中，後來蹲踞式也漸漸普及，成為短跑賽事中的標準姿勢。

蹲踞式起跑真的比較好嗎？

　　蹲踞式起跑和站著起跑相比，各有優缺點。當身體使用蹲踞式起跑，身體往前傾，使得身體打破了穩定的狀態，自然會往前取得更大的動力；另一個優點是身體以這個姿勢起跑，肌肉可以在短時間內獲得強大的爆發力，讓跑者瞬間得到更多的力量。不過根據研究指出，使用站姿起跑的人，他的步伐比蹲踞式起跑的人還要大，也就是說，雖然蹲踞式有強大的爆發力，但卻不一定可以在長距離的比賽中獲勝喔！

我爆發力強。

蹲踞式起跑

我步伐比較大。

站立式起跑

起跑架的發明

　　現在在正規的短跑賽事中，400 公尺以下的項目，都必須使用起跑架。在沒有起跑架的年代，短跑選手在起跑前，都會使用刀子在賽道上挖洞，讓自己可以踩在洞的凹處，有助於起跑，但這也破壞了賽道。

　　起跑架是在 1929 年，一位澳洲運動員查理‧布斯和他的父親一起發明的，最初的起跑架只是單純的木板材質，隨著科技的進步，變成以金屬製作，甚至可以在起跑架內置入感應晶片，協助裁判判定選手有沒有在鳴槍前偷跑。

馬拉松賽跑的距離為什麼是 42.195公里，而不是整數？

是不是以前的人量距離不準確？

難道 195 的數字有什麼特別的意義？

沒錯，0.195 公里，是為了跑到皇家面前而多出來的距離，當時的馬拉松距離是很有彈性的。

42.195

為了皇室，所以馬拉松的距離制定為 42.195 公里。

　　路跑比賽在台灣可說是家喻戶曉的熱門賽事，依距離與參賽者的年紀、體能不同，還可以區分為 3 公里組、10 公里組、21 公里組、42.195 公里組等，其中的 42.195 公里組，又叫做「全程馬拉松」或簡稱為「全馬」，不過一開始全程馬拉松的距離並不是 42.195 公里。

為了皇室而增加距離

　　馬拉松的正式比賽出現在 1896 年的奧運，在最一開始，全程馬拉松的距離並沒有強硬的限制，而是由主辦單位規定，或許在那個無法精準測量距離的年代，這樣的做法比較輕鬆。有好幾屆的奧運比賽中，全程馬拉松的距離都不太一樣，但大約是 40 公里。

 現代的馬拉松比賽，則是交由專業的馬拉松測量員，騎著核可的腳踏車測量馬拉松的路線及距離。

　　1908 年的英國倫敦奧運，則是第一次將全程馬拉松的距離定為 42.195 公里，這是主辦者為了討好皇室，而讓跑者多跑了 195 公尺。

　　規劃路線的人叫做傑克・安德魯，原本他規劃了一條不到 40 公里的路線，沒想到和另一場比賽的路線重複，於是他靈機一動，規劃了另一條路線，起點就在溫莎城堡附近的草皮上，以便讓皇室的威爾斯王妃以及她的孩子們，可以一起感受跑者起跑時的緊張氣氛。起跑後，

跑者就一路跑到終點——白城體育館（White City Stadium），整條路線大約40 公里左右。

1908 年奧運的比賽場地——白城體育館。
圖片來源：維基百科

　　為什麼距離最後變成42.195 公里呢？原來是傑克為了讓坐在體育館皇家包廂內的貴族們可以欣賞選手們奮力不懈、勇往直前的英姿，所以又規劃選手們跑進體育館內後，再繞田徑場跑一圈，於是距離就變成 42.195 公里。

　　後來，從 1924 年之後的奧運，馬拉松的距離就以 42.195 公里為標準，這個距離被選手們視為意志力的挑戰，只要突破了這個距離，就能獲得成就感以及榮耀，這個象徵應該是傑克意想不到的吧！

早期歷屆奧運馬拉松的距離

舉辦時間（西元年）	1896	1900	1904	1906
距離（公里）	40	40.26	40	41.86

舉辦時間（西元年）	1908	1912	1920	1924
距離（公里）	42.195	40.2	42.75	42.195

馬拉松的起源

相傳馬拉松這項運動，是源自於一場戰爭。西元前 490 年，波斯帝國的帝王大流士，為了鞏固自己帝國的勢力，決定向希臘各個城邦開戰。驍勇善戰的波斯，派出一萬五千名大軍搭乘戰艦渡海，抵達馬拉松平原，攻陷許多城市，原本還在等待其他城邦援軍的雅典軍隊，決定和波斯軍隊決一死戰，沒想到大獲全勝。

於是一位名叫菲迪皮德斯的雅典士兵，就從馬拉松平原跑回雅典城內，並大喊：「我們勝利了！」最後卻因為用盡氣力而死去，有人說，從馬拉松平原到雅典的距離，大約就是 40 公里，於是長程的賽跑就以「馬拉松」為名。

不過也有學者持不同說法，他們認為，菲迪皮德斯是跑回雅典求救，而不是傳捷報。

元朝的「貴由赤」長跑比賽，比全程馬拉松距離還要長。

「貴由赤」這個特別的名字，指的是禁軍的名稱。所謂的禁軍是負責保護君王的安全；守護、巡視皇宮是否有無可疑人物等任務，各個朝代的禁軍名字也不太一樣，而「貴由赤」，就是元朝的元世祖——忽必烈，所組成的軍隊。

元世祖忽必烈。

「貴由赤」的任務，是護衛大都（現今的北京）和上都（內蒙古的一個地區），還必須負責在兩地間傳遞公文和消息。在大都和上都之間，每隔 7.5 公里會設立一個緊急連絡站，當有緊急事件發生時，這些士兵可不是騎馬前去，而是腰繫著皮帶、腳掛著鈴鐺、帶著文件，跑步前往各地的緊急聯絡站，一個晚上可以跑上 200公里左右。

訓練優良的貴由赤

也正由於擔任貴由赤必須有強健的體能和耐力，忽必烈為了訓練他們，便舉辦「貴由赤賽跑」，來檢視士兵的體能狀態。

從 1287 年開始，貴由赤賽跑每年舉辦一次，由朝廷派任監察官，路

線起點和終點就是大都和上都，兩地的距離約 180 里（中國古代的距離單位，約 90 公里），限時 6 小時內跑完。這個距離硬生生比全程馬拉松多出了將近 48 公里左右，可見當時的禁軍體能多麼卓越。

　　當然，一場比賽若是沒有豐厚的獎勵，怎能激起選手的鬥志呢！根據記載，第一名的士兵可以獲得銀兩，第二名之後則是高級布料，取前十名。對當時的人而言，這些獎賞可說是相當優渥，再加上得名者便是朝廷所認證的體能卓越之人，如此殊榮肯定讓參賽的士兵卯足全力往前衝。

在美國紐約皇后區，每年會舉辦一場全世界距離最長的馬拉松比賽，俗稱「3100 英里的約定」。參加這場比賽的參賽者，必須在皇后區內的指定路線繞圈跑，每一圈約 883 公尺，必須跑完 5649 圈才能完賽。這些數字很難想像吧！

3100 英里大約是 4989 公里，等於是參賽者必須繞著台灣跑超過 4 圈才算完賽。而這個比賽也限制參賽者必須在 52 天內跑完。這項令人難以想像的艱難賽事從 1997 年開始舉辦，距離則是從 1000 英里逐漸增加到 3100 英里，到目前為止只有數十位參賽者完賽。台灣有兩位長跑選手完賽，一位是「台灣雲豹」羅維銘，連續三屆獲得亞軍；另一位是在 2023 年首度參賽，就取得季軍的蔡文亞，也是亞洲首位完賽的女跑者。

標槍無法投擲出超過 100公尺的距離?

什麼? 100 公尺是個魔咒嗎?

台灣的標槍選手鄭兆村就擲出 91 公尺的優秀成績了!

不能投擲出超過 100 公尺是世界田徑總會規定的,避免標槍投太遠傷到人。

為了安全而修改標槍的規格。

　　還記得 2017 年，在台灣舉辦的世界大學運動會，台灣選手鄭兆村在男子標槍項目擲出了 91.36 公尺遠的佳績，震撼所有人。而這個成績也讓他成為全世界第十二強的標槍選手。再看看各國選手的紀錄，世界排名第一的男子選手，也擲出了 98 公尺左右的成績，差一點點就破 100 公尺的紀錄，難道至今無人破百嗎？其實世界上僅有一人打破 100 公尺的紀錄，就是烏韋·霍恩。

　　身高將近 200 公分的烏韋·霍恩，是來自東德的標槍選手（當時德國分成東、西兩個國家），他在歐洲參加各個標槍錦標賽的成績都超過 80 公尺，甚至達 90 公尺的成績。1984 年，他在第 22 屆東柏林的奧林匹克日田徑賽上，大步一踩、振臂一揮，手上的長標槍劃破天際線，遠遠飛了 104.8 公尺才墜下，原本是驚人的世界紀錄，卻成為驚嚇的世界紀錄。

　　最驚嚇的，應該就是觀眾了。因為這支標槍，飛越了田徑場，差點飛到觀眾的看台上，只要標槍稍微偏左或是偏右，就有可能刺中觀眾，因此，世界田徑總會為了安全考量，不得不修改標槍的規格。

標槍的規格

　　在田徑賽中，擲標槍有非常嚴格的規定，從標槍的長度、重量、甚至到擲標槍的動作，都不能違反規定。男子的標槍重量至少要 800 公克、長度要在 260 ～ 270 公分；投擲標槍時，從起步、蹬地、轉身到揮臂投

出標槍，力量從腳底連貫到腰部再傳送到手臂，只要其中一個動作力量沒有連貫，投出的標槍就可能失誤。由此可見，在一切都符合規定下，打破紀錄的烏韋，有多麼的厲害了。

　　而世界田徑總會為了讓標槍再也無法輕易飛越 100 公尺大關，於 1986 年，修改標槍的規格。他們將標槍的重心往前移 4 公分，這個小小的更動，大大改變了標槍的飛行距離與速度。由於重心往前，所以標槍前端的直徑小於後端，因此在空氣中的阻力會增加，讓標槍的飛行距離減少百分之十。

　　這個設計應該會大大打擊選手們的信心，不過至少看台上的觀眾可以稍微放心了。

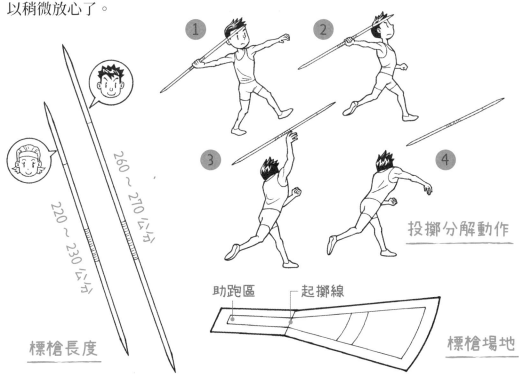

260 ～ 270 公分

220 ～ 230 公分

① ② ③ ④

投擲分解動作

助跑區　　起擲線

標槍長度

標槍場地

標槍一開始不是運動用品，而是一種武器，它跟矛不一樣，矛較重，標槍較輕，所以標槍的目的是用來遠距離攻擊，刺殺敵人。在古羅馬帝國時，標槍兵會配戴盾牌，盾牌上裝備著額外兩支標槍，在戰場上投擲標槍，擾亂敵方的陣形，再趁機一舉攻破。只不過當弓箭和弩弓出現後，標槍就漸漸不再被使用。

而標槍也在古希臘時期，就成為古代奧運的運動項目之一。

西元前 450 年彩陶酒罐上，畫著標槍投擲的人。　圖片來源：維基百科

Q7
人能跑得比馬快嗎？

比馬快的**程天與**。

　　在漢人遷徙來台灣定居之前，嘉南平原上的居民大多數是平埔族——西拉雅族人，以游牧、捕魚或是農耕維生。後來漢人來台後，原住民逐漸遷移。在清朝統治時期，西拉雅族有一位響叮噹的大人物，讓當時的皇帝印象深刻。

　　平埔族人相當擅長跑步，在早期記錄台灣原住民的文獻中就有提到平埔族人「無事晝夜習走」的傳統。擅長跑步一事並非空穴來風，對一位生長在山林中的原住民而言，跑得快可是好處多多，不但可以輕易追蹤山林裡的獵物、也能在戰鬥中敏捷進攻及閃避；當有緊急事件發生，還能迅速往返各個部落傳遞訊息，而平埔族人的跑步冠軍代表，就是程天與。

上京表演快走競速

　　相傳程天與跑得超級快，快到像是一隻翱翔的飛鳥，讓他獲得「飛番」的名號。當時的台灣官員將這個消息上呈給福建浙江總督覺羅滿保，在總督的推薦下，程天與父子從台灣被帶到北京的康熙皇帝面前。

　　馬奔跑的速度大約是時速 70 公里，相當於一台高速行駛的汽車，在汽車尚

早期的漢人稱原住民為「番仔」，意思是跟自己不同種族的外來者，這個詞其實有歧視原住民之意，應該要避免使用喔！

未問世的當時，眾人根本不相信人類的速度可以超越馬匹，沒想到程天與提出更誇張的要求：「我可以讓騎馬的士兵三鞭。」也就是讓士兵抽打馬匹三次後，他再起跑。在眾人的好奇下，康熙皇帝答應了。

在國立故宮博物院收藏的文件中，記錄了平埔族在 300 年前和清朝皇帝會面的事蹟，描述了程天與一行人到北京表演快走競速的過程。

馬兒在士兵的抽鞭之下奮力往前狂奔，而程天與氣定神閒的待在原地，三鞭之後，他拔腿狂奔，沒三兩下就超越了原本領先的馬匹，現場的所有人目瞪口呆。

康熙皇帝看到了一場精采的比賽，相當開心，賞賜給程天與好多金銀財寶。後來，程天與還帶著自己的兒子程國泰遠赴北京兩次，上演與馬匹賽跑的精采賽事，而這個傳奇在兩人過世後，也被記錄在墓碑上，墓碑上還可看見「父子面君三次」這幾個字，也成為台南的一個知名景點。

人與馬賽跑的賽事

在英國，還真的有人和馬一起賽跑的競賽！

在這場跑步競賽中，參賽者和馬匹都必須跑完 35 公里長的路程，是有公路、小徑和山區的混合地形，最先抵達終點的就是勝利者。這場賽事源自 1980 年，當時舉辦人在酒吧聽到有人爭論，人和馬一起長距離賽跑，到底誰會獲勝，於是便舉辦了「人馬」馬拉松。

這場激烈的賽事延續至今，已經跨過 40 個年頭，舉辦了數十場賽事，大部分都是馬匹獲勝，不過，也有四次是人類贏得勝利喔！

由此可見，人類的速度或許不比馬快，但耐力是可以贏過馬呢！

Q8
現代足球是哪一國發明的？

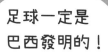
足球一定是巴西發明的！

我猜是歐洲的國家發明的。

現代的足球運動起源於中國的蹴鞠哦！

蹴鞠是足球起源。

　　中國古代宮廷內，流行一種踢球遊戲——「蹴鞠」，蹴是踢的意思，鞠是指球，從漢代出現至明代沒落。這個歷史悠久的運動，於 2004 年，被國際足球總會（FIFA）認證，是世界上起源最早的足球運動。

　　漢代時期的蹴鞠，利用皮革包覆大量毛髮，變成球狀，主要是皇帝用來訓練、檢視軍隊士兵的體能是否合格的一種運動。當時的文獻中也詳細記載了蹴鞠的比賽規則：使用圓形的球（也就是鞠），在方形的場地內舉行比賽；雙方必須各派出 6 人參賽，共 12 人；賽事中必須有裁判制定規則，而且身為裁判必須公正，不偏袒任何一方，而參賽者也必須服從裁判的判定，不得起爭執。可見當時的蹴鞠運動，就已經頗具規模，也很強調運動家精神了呢！

　　漢代時期的蹴鞠受歡迎的程度，就連皇帝也喜歡，當時的漢武帝，就常常舉辦蹴鞠賽事，看到精采忘我時，還會起身歡呼跳舞，由此可見蹴鞠的魅力是多麼迷人。

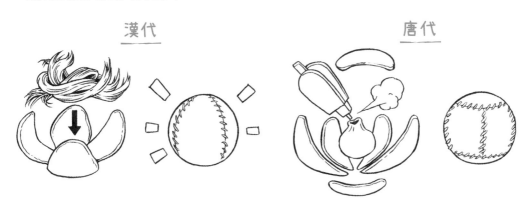

漢代　　　　　　　　　　　唐代

蹴鞠的極盛時期

蹴鞠在唐代及宋代時，發展得更加成熟，圓球使用 8 片皮革縫製，在球內放入動物的膀胱，只要吹氣就能灌飽球體，空心的球比原本塞滿毛髮的實心球體更輕，更好踢，還能展現更多技巧，因此又被稱為氣毬，這個改變是不是更邁向現代的足球一步了呢？

當時不論貴族、市井小民、男或女，對蹴鞠都有一定的熱愛程度，就連高高在上的皇帝也喜歡，可是龍體尊貴的天子總不能天天下場踢球吧，萬一受傷了怎麼辦呢？據說唐文宗還會站在高樓，欣賞地面上的平民踢球的開心模樣。

▶ 宋太祖蹴鞠圖，畫的是宋太祖和另外五位官員正在踢球的模樣。

蹴鞠也從訓練、競技、運動，成為皇宮內的表演。在宮內表演的蹴鞠，更講求動作的優雅和高貴，表演者在贏球之後可以得到銀碗和綢緞，然後將美麗的布匹披在身上謝恩，這也讓蹴鞠的演出增加了可看性。

不過，蹴鞠受歡迎的程度，到了明代，幾乎演變為沉迷，許多貴族和官員為了踢球，荒廢了正事，明太祖朱元璋氣得下令，被發現玩蹴鞠的人不僅有罪，連家人都要受罰，蹴鞠因此沒落。

日本也有蹴鞠

日本曾經受到中國文化的影響，蹴鞠也因此被傳進日本，深受皇室及貴族喜愛，蹴鞠文化雖然在中國沒落，卻在日本被保存下來。至今，許多神社在新年，或是春、秋兩季，都會舉辦蹴鞠活動，最知名的就是談山神社的「蹴鞠祭」，以及下鴨神社的蹴鞠表演。

京都下鴨神社在每年的新年，舉辦蹴鞠活動，上場的 8 人只能用右腳碰球，並且碰球不得超過三次，就必須傳球給下一位。

奈良縣的談山神社，祭祀著一位名為藤原鎌足的貴族，他在西元 600 年時，和當時的皇子一起推動了日本政治的改革，而兩人正好是因為蹴鞠相識，為了紀念他，就在每年春季和秋季舉辦蹴鞠祭，表演者會穿著華麗的傳統服飾，兩人各自思考，如何踢出讓對方好接又好看的球，與原本的競賽意義大不相同。

牛棚一詞的由來有很多說法。

當時的報紙刊登著煙草公司宣傳打中看板可獲得獎金的廣告。

圖片來源：維基百科

　　棒球場上的牛棚，是棒球賽事進行時，準備上場的救援投手或是中繼投手，在一旁暖身、練習投球的區域。

　　為什麼叫做牛棚呢？最廣為人知的說法，跟一家香菸公司有關。1910 年代，當時美國有一家叫做「Bull Durham」的香菸品牌，他們在許多球場的投手練投區旁，立著一個巨大的公牛廣告看板，希望讓更多人認識自己的品牌。

　　不過，要讓人對一個品牌印象深刻，可不是一個偌大的看板就可以達成任務，得有更多宣傳才行，於是這家香菸公司推出一個相當有趣的方法：只要打擊者在比賽時打中他們的廣告看板，就能得到 50 美元的獎金；若在掛有看板的場上擊出全壘打，就能額外得到一盒香菸。當時 Bull Durham 公司在將近 150 個棒球場上掛了看板，看板總計被打中 85 次，該公司也遵守承諾，發出了 4250 美元的獎金和許多香菸。這個事件後，大家開始使用香菸品牌中的 Bull 這個字，把球場上的投手練習區稱為「牛棚」（Bullpen）。

> **中繼投手：**當先發投手上場後受傷、狀況不好，或是投球到達一定的數量，不能再投球時，上場接續投球的投手就叫做中繼投手。

牛棚與便宜票價有關

　　牛棚的由來，還有另外一種說法，據說在 19 世紀時，那時候的棒球賽事門票，有不一樣的計價方式。當球賽開打後，會另外販售較為便宜的門票，想要搶便宜的球迷們，通常都會爭相來購買，只不過買到票入場後是沒有座位的，只能擠在球場的邊緣，某個用繩索圍起來的區域。遠遠的看，這群人就很像是被集中圈養的牛隻，於是那個區域就被稱為「牛棚」。

牛棚的種類

　　依照不同的球場規劃，牛棚的位置也不同，通常牛棚的位置也會影響到賽事的進行。例如最傳統的牛棚，通常設置在棒球場內的邊緣，缺點是練投的球員若是漏接球，導致球滾入場內，就會影響賽事進行；若是場內的球擊往牛棚，在牛棚被接殺，也被視為有效。

　　為了預防上述的事情發生，另外一種牛棚，被設置在棒球場之外，一來可避免場內外的球互相干擾，二來是可以讓投手專心暖身練投。

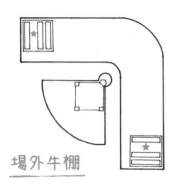

場外牛棚

場內牛棚

牛棚引起
動保人士不滿

歷史悠久的牛棚，在 2021 年時，被動物保護團體質疑有歧視的意思。他們認為牛棚原意是指一大群即將被宰殺的牛，被集中放置的地方，這個字眼代表著牛隻的恐懼和血腥，持續使用這個詞根本就是擴大這個負面作用。

另外牛棚這個詞，也貶低球場上那些認真努力的球員，將這些球員暗喻為牛，使得他們本來應該發光發熱的才華被埋沒，看在一些人眼裡，這是對球員和牛隻的雙重傷害。

那麼牛棚應該改什麼名稱好呢？動保團體認為應該改為「投手穀倉」才是最合適的。你覺得呢？

Q10
壞球的 B 是 Bad 的意思嗎？
為什麼好球是用 S 表示呢？

我英文很棒，問我就對了，壞球的壞當然就是 Bad。

那好球的代號為什麼不是 Good 的 G 呢？

strike!!
棒球的術語不是直接翻譯的啦！

在棒球用語中，好球和壞球各有另外的單字喔！

壞球是 Ball，好球是 Strike。

　　若是對棒球不熟悉的人，一聽到好球或是壞球，會很直覺的認為好球叫做 Good Ball、壞球叫做 Bad Ball。但其實在棒球術語中，好球稱為「Strike」、壞球稱為「Ball」。這個令人摸不著頭緒的用語是怎麼來的呢？那就得來認識棒球賽中所謂的「好球帶」了。

好球帶

　　好球帶的英文是「Strike Zone」，它的範圍是從本壘板往上延伸的一個虛擬的五角柱立體空間，只要是投手把球投到這個範圍內，而打擊者沒有打到球，就稱為好球「Strike」。

　　好球帶的最高點是以打擊者的肩膀上緣和褲頭上緣的中間為基準點，最低點是打者膝蓋的下緣，所以好球帶會因打擊者的身高而有不同的範圍喔！

　　而投手投出的球，沒有進入好球帶，而且打者也沒有揮棒擊球，或是投手的球觸地了，則會被裁判視為壞球。

　　壞球的英文是「Unfair Ball」，意思是不公平的球。當然這邊的不公平，指的就是對打擊者而言，因為一顆球沒有進入好球帶，打擊者根本沒有辦法發揮實力，要如何好好打擊呢？而現在球賽中所使用的「Ball」，其實就是「Unfair Ball」簡化後的說法。

好球帶的九宮格

逛夜市的時候，偶爾會看到攤販擺出九宮格的投球遊戲，或是在訓練棒球球員投球時，偶爾也會利用九宮格，其實也與好球帶有關。

好球帶也可以被劃分為九個區塊，從 1～9，當球進入 1～6 號的區塊時，打擊者比較能夠擊出有效的攻擊，若球的位置落在 7～9，則比較難擊中。所以投手平常按照九宮格的位置練投，也可以大大提升自己投球的目標位置喔！

好球帶與裁判

　　由於好球帶的位置是由裁判用肉眼判斷，所以不同裁判所認定的好球帶位置不太相同，進而影響到好球、壞球的判定，這也是為什麼偶爾球賽中會出現打者不服裁判判決而上前吵架的畫面。

　　不過，裁判對於好球帶的判定，是不容質疑的，在台灣中華職棒的規則中，比賽的球隊不服從裁判的好球帶判定，因此有太誇張的抗議行為，是會被裁判驅逐出場的喔！

棒球比賽中常見的術語

除了好球與壞球，全壘打的英文也很有趣，稱為「Home Run」，單看字面的意思，有一種跑回家的感覺，比賽實際上也是如此。

當打擊者把球擊出圍籬或圍牆外，他就可以沿著本壘板、一壘板、二壘板、三壘板跑，最後再跑回本壘，若當時場上的其他壘包也有隊友時，也能一併跑回本壘得分，一場比賽中，全壘打的出現往往可能改變賽事的結果呢！

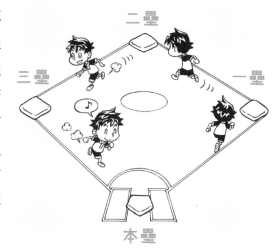

美國職業棒球比賽最久打了 三天。

　　對一般人來說，看不到結果的比賽一點也不好看。可是對棒球愛好者來說，這就是棒球比賽的魅力所在：因為你永遠不知道下一秒會發生什麼變化，原本落後的隊伍可能一支全壘打追平比數，也可能一個守備漏接球，壘包上的跑者就奔回本壘，每一個瞬間都充滿意外與驚喜。

　　最令棒球迷津津樂道的，肯定是 1981 年 4 月 18 日那一天，美國職棒小聯盟的紅襪隊與紅翼隊的比賽，這場比賽總共比了 33 局，比賽時間超過 8 個小時！

　　聽起來超級熱血的，對吧！可是對球員來說，簡直煎熬到像是陷入沼澤，無法脫身。比賽尚未開打，球場上的照明燈就故障，延誤了半個小時才正式比賽，那時候已經是晚上 8 點多了。接下來兩隊都拼命防守，雙方都沒有得分，最後 9 局下半以 1 比 1 的比數打進了延長賽。

無止境的延長賽

　　延長賽才是痛苦的開始，雙方依舊沒有得分，眼看時間已經是深夜 12 點多，紅襪隊的管理人員要求裁判長應該暫停比賽，沒想到裁判竟不允許。管理人員氣得打電話到棒球聯盟總裁的家中申訴，結果電話那一頭無人接聽，比賽只好一直持續下去。

　　氣溫已經接近攝氏 0 度，比數依舊僵持不下，還是令人絕望的 1 比 1。比賽進行到 21 局上半，當時的比數是紅翼隊 2 分比紅襪隊 1 分，大家都

燃起了希望之光，期待比賽就要結束。沒想到紅襪隊的打者擊出一記安打，追平了比數，希望之光也熄滅了……得來不易的 1 分，卻引來一陣哀號：「不，我們本來可以回家的！」於是比賽在哀號聲中繼續進行。

原本 9 局的比賽，
打到了 21 局……

　　時間已經是 19 日凌晨，牛棚裡的球員們待在寒風刺骨的夜裡直發抖，還只能用簽名球跟觀眾們換取火柴和報紙，把木頭椅子拆掉，用來生火取暖。但比賽還沒完，在 26 局上半時，紅襪隊的打者打出了一記安打，球迅速往全壘打牆飛去，所有人眼睛都亮了，只要這顆球飛到牆外，比賽就能結束，此時一陣寒冷強風把球吹了回來，被紅翼隊的中外野手接殺，比賽繼續進行。

　　凌晨 4 點時，比賽進行到 32 局，雙方 2 比 2 平手，這時終於聯絡上聯盟總裁，總裁也下達暫停比賽的指令，經過了 8 小時 7 分鐘，所有人都可以回家睡覺了。

最後比賽是如何結束的呢，同年 6 月 23 日，接續進行到第 33 局的比賽，只經過 18 分鐘，這場難纏的比賽以 3 比 2 紅襪隊獲勝畫下句點，也成為美國職棒史上唯一一場跨越三天的比賽（4/18、4/19、6/23）。

如果一直比不出結果怎麼辦？

現在的棒球比賽中，如果打入了延長賽，避免陷入無止境的延長時間，會在第 10 局採用突破僵局制。讓這一局一開始時，跑者直接上二壘，增加得分機率，加快球賽的進行。相反的，如果兩隊比賽到 7 局後，得分相差 10 分以上，就會提早結束比賽。

球賽救星——投球時鐘

2023 年，美國大聯盟引進「投球時鐘」，規定投手在壘包上無人時，15 秒內要投出球；壘包上有人則是 20 秒內得投球，打擊者也得在倒數時間內準備好打擊，這個新規定的目的是加快球賽節奏，避免球賽變得冗長無趣。

Q12
台灣何時有第一支棒球隊?

台灣第一支棒球隊源自建國中學。

　　台灣人風靡棒球，源自於日治時期。棒球可說是日本的國球，在日本治理台灣時期，來台灣定居的日本官員或是貴族，也順勢把棒球文化帶進台灣。

　　根據記載，大約在 19 世紀末的時候，台灣的棒球文化尚未興盛，頂多可見的是在台灣工作的日本人簡單的投接球、打擊，並沒有具有規模的球隊以及賽事。

　　1906 年，在「台灣總督府國語中學校」（也就是現在的建國中學）的校長田中敬一的主導下，成立了台灣第一支棒球隊，這個前所未有的創舉，為台灣的棒球文化燃起了希望之火，北部的其他學校也接連成立自己的棒球隊，有了球隊之後，就可以舉辦比賽，交流各校的球員技巧；北部的棒球風氣更吹往南部，台南成為台灣第二個盛行棒球的地區、然後是台中，棒球運動在台灣漸漸被認識。

第一支台灣人的棒球隊

　　台灣的棒球運動雖然漸漸發跡，可是當時的棒球隊，幾乎都是日本人所組成。根據文獻記載，1919 年，台灣總督府醫學專門學校（也就是現在的台灣大學醫學院）的棒球隊成員中，只有兩位台灣球員。

　　可是誰能想到，第一支全員都是台灣人的棒球隊，居然會出現在棒球文化較不興盛的東部！1921 年，住在花蓮的台灣人——林桂興，非常熱

愛棒球，在他的熱情號召下，一群當地的原住民少年一起組成了高砂棒球隊。這支球隊常常跟當地日本人舉辦交流賽，堅強的實力也讓他們漸漸闖出了一番名號。

　　台灣原住民發達的運動細胞被日本人看見了，他們讓高砂棒球隊的球員入校讀書，希望藉著棒球文化來教育原住民，也能發掘更多的棒球球員。於是球隊重新取名為「能高團棒球隊」，也是第一支台灣人的棒球隊。

1923 年花蓮能高團棒球隊球員。　　圖片來源：維基百科

能高團棒球隊氣勢如虹

　　能高團棒球隊四處征戰、從台北一路戰往屏東，各項大大小小的棒球賽幾乎戰無不勝，這也讓大家發現，原來原住民的體力、爆發力，以及運動細胞是如此的驚人。

　　能高團的名號也北進到日本，大家都很好奇擅長運動的台灣原住民和

視棒球為國球的日本人，誰更技高一籌？這個答案在能高團
棒球隊前進日本後就揭曉了。

　　他們前往日本，展開長達兩個月的旅行，先後前往東京、
京都、大阪、廣島等地比賽，拿下 3 場勝利、
1 場平手、4 場落敗，如此的好成績
讓日本人對台灣人的實力大開眼界。

京都

廣島

東京

大阪

台灣棒球隊前進甲子園

繼能高團棒球隊之後，台灣也出現更多厲害的球隊，甚至前進日
本甲子園比賽。像是最知名的 KANO 棒球隊（嘉義農林棒球隊），
於 1931 年在甲子園奪得亞軍，這個傳奇也被翻拍成電影呢！

**學生棒球
太熱血了啦！**

嘉義農林棒球隊 1931 年於日本甲子園高校野球大
會贏得亞軍。　　　　　　　　　　圖片來源：維基百科

世界全壘打王──王貞治。

　　「全壘打」，這個可以扭轉棒球比賽局勢，聽起來令人熱血振奮的名詞，是所有棒球迷在觀看賽事時，最希望看到的畫面之一。可是想要打出一支全壘打，卻沒有想像中的容易。

　　仔細想想，對方投手投出的球又快又急，隨隨便便都超過時速 100 公里以上，比一輛在高速公路上疾駛的汽車還要快，想要擊中這樣的球，打擊者本身除了要抵擋球速帶來的力量之外，還要有強壯且協調的身體，才能運用全身的力量，把球打出場外。

　　也是因為全壘打的難度這麼高，所以在美國職棒中，有所謂的「500全壘打俱樂部」，記錄棒球生涯中，擊出超過 500 支全壘打以上的棒球明星，截至目前為止，只有 28 位球員。500 全壘打俱樂部中的第一名，是前巨人隊球員貝瑞・邦茲，他總共打出 762 支全壘打，這個數字聽起來很驚人，對吧！不過，王貞治這號傳奇人物，在他的職棒生涯中總共打出 868 支全壘打，這個紀錄至今無人能破。

從邊緣的移民成為棒球之神

　　王貞治的父親在 1920 年代從台灣移民到日本工作，母親則是日本人，王貞治從小就展現出運動的天分，他不但擅長相撲，也加入乒乓球社和田徑社。王貞治也跟著大他 10 歲的哥哥一起玩棒球，雖然只是在住家附近玩玩投球、接球的遊戲，卻也因此對棒球產生極大的興趣。

　　開啟王貞治棒球之路的關鍵人物，非當時的職棒選手荒川博莫屬。王貞治在中學時加入棒球隊，左撇子的他，因為怕被認為是不祥的人，所以他一直用右手打球。荒川博建議他改用左手，原本被「封印」的左手終於解封，王貞治再也沒有任何顧忌，因此威力大增。王貞治一路過關斬將，高中時還四度打進甲子園，高中畢業後，更順利加入日本職棒的讀賣巨人隊。

職棒時期的王貞治

　　加入職棒看似風光，但當時的日本人看不起外籍人士，認為外國人比不上日本人，當王貞治上場時，觀眾席不時傳來的數落、叫罵聲，讓他非常難堪，再加上前三年他的表現不佳，棒球生涯可說是跌到了谷底。

　　不過荒川博又調整了他的棒球技巧，建議他改變站立的重心，單腳站立擊球，這個宛如金雞獨立般的姿勢，就是聞名世界的「稻草人打擊姿勢」。

1964 年，王貞治在日本職棒史上創下單季打出 55 支全壘打的驚人紀錄、1977 年，他總共打出了 756 支全壘打，打破當時擊出最多全壘打的美國球員──漢克‧阿倫的紀錄。王貞治旋風席捲日本，成為了日本的「棒球之神」。

王貞治的神紀錄

棒球之神王貞治到底有多厲害呢？一起來看看他的輝煌紀錄吧！

獎項	獲獎年份
全壘打王	1962 年～ 1974 年、1976 年、1977 年
年度最有價值球員（MVP）	1964 年、1965 年、1967 年、1969 年、1970 年、1973 年、1974 年、1976 年、1977 年
最佳 9 人（日本職棒頒發給每個位置上表現最好的球員）	1962 年～ 1979 年
金手套獎（守備最優秀的球員）	1972 年～ 1980 年

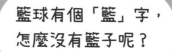Q14
籃球有球，卻沒看到籃子？

籃球有個「籃」字，
怎麼沒有籃子呢？

籃網跟籃框的形
狀，就還滿像一
個籃子的！

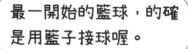

最一開始的籃球，的確
是用籃子接球喔。

最早的投籃，就是把球投進籃子裡。

一場精采的籃球比賽，除了有球員們在場上揮汗奔跑，以神乎其技的球技傳接球、抄球之外，最振奮人心的就是球入網的那瞬間，球體順著網子往下墜落時，所有觀眾的腦海中響起了「唰」的聲響。

可是，最令人匪夷所思的，籃球既然叫做籃球，不就是應該有個籃子嗎？綜觀籃球場，除了練球時裝著籃球的籃子，正式比賽時根本看不到任何籃子，如果是以投球的目標來取名，籃球不就該取名為「網球」才對？

不不不，最一開始的籃球，真的是把球投進籃子裡的喔！

在寒冬中發明的體能遊戲

籃球的發明，可追溯到 1891 年 12 月的美國麻州，那一年的冬天極度寒冷，迫使學生們在室內待了好幾天，無法到戶外運動。當時有一位名叫詹姆斯‧奈史密斯的體育老師，為了讓學生們能在嚴寒氣候中繼續運動，維持健康與體態，想到了一個好方法。

奈史密斯一開始請人幫忙尋找兩個方形籃子，沒想到出現在眼前的，是裝桃子的圓桶，不過這也無傷大雅。他把桶子釘在體育館陽台下方，讓學生將足球投進桶子裡。不過只要投進一球，就得暫停遊戲……接著就會看到有人從陽台邊將足球從桶子撈出，再繼續進行投籃。

最初的籃球規則

　　遊戲很單純也不有趣，不過學生們還是有辦法起爭執，進而演變成打架事件。這讓奈史密斯知道一件事：他必須制定規則才行。

　　當初的籃球規則，並不是一次到位，而是隨著比賽的進行，從中發現錯誤、矛盾而漸漸增訂而成。奈史密斯規定，只能用單手或雙手傳球；球員不能帶著球奔跑，只能從接球的地方把球傳出去；球員不可以碰撞、推擠；不可以用拳頭擊球等，和現在常常產生肢體碰撞的籃球運動非常不同。

　　1891 年舉辦了第一場籃球賽，出賽的隊伍各派出 9 人，等於場上會有 18 名球員，熱鬧的程度，跟足球不相上下。當球員將球投進籃中得分之後，雙方又得重新跳球，以現代眼光來看，雖然賽事在每次得分後就被

一開始雙方球員爭球也只能用單手！

中斷，但在當時可是刺激度滿分。1896 年，加入了可以運球的規則，球員終於可以自由衝刺奔跑，讓比賽的可看性更高；每一隊的上場球員，從 9 人改為 7 人，後來又縮減到 5 人。到了 1906 年，出現了金屬籃框、籃網取代了原本的木桶，並且加入籃板，這時候的籃球賽，逐漸趨近於現代的樣貌。

昂貴的籃球規則

詹姆斯‧奈史密斯發明籃球運動後，規則也在每次的賽事進行中調整、修正，到後來正式使用的共有 13 項規則。可別小看這 13 項死板的條文，奈史密斯抄寫規則的原始文件，在 2010 年的蘇富比拍賣會上展示，以 430 萬美元高價賣出。

沒想到我發明的規則這麼有價值呢！

為了不讓高大的球員占便宜，因此禁區的 規則誕生。

　　請在腦海中想像一個畫面，在籃球場上，兩隊隊員全部擠在某一邊的籃框下，進攻的球員高大又壯碩，他高舉著手，其他球員根本構不到球，於是他慢條斯理的瞄準……

　　光是上述的文字，一場球賽的精采度就已經下降一半。籃球賽的美妙之處，就是在於進攻時，球員展現自己的速度與技巧，直攻對方籃下，最後巧妙的突破人牆、得分。為了這樣的緊湊又刺激的節奏，禁區的存在非常重要。

　所謂的禁區，是指籃球場上，籃框下方的矩形區域，只要進攻的球員控球時踏入這個區域，控球時間不可以超過 3 秒，也就是說，3 秒鐘之內，控球的球員一定得把球傳給隊友或是投出去。

禁區的進化

　　在一開始的籃球規則中，尚未出現禁區，但隨著籃球運動的蓬勃發展，高大的球員如雨後春筍般崛起，而這些球員進攻到籃下時，總是占有體型上的優勢。為了公平起見，在 1940 年代，國際籃球聯盟在籃框下方制定出一個像鑰匙孔形狀的區域，在這個區域內控球不得超過 3 秒，「籃下 3 秒」的規則因此誕生。

　　雖然有了禁區的規則，但是球員似乎與禁區互相抗衡著，更高更壯的

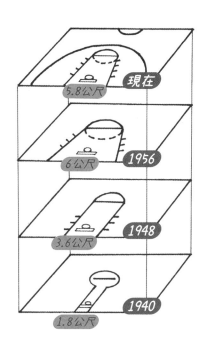

球員更多了，即使有籃下 3 秒的規則，但小小的禁區還是阻止不了這些戰士。

第一位就是喬治・麥肯，身高 208 公分、體重 111 公斤，在他馳騁球場的那個年代，籃球隊員清一色身型都較為矮小。當他站在球場上時，宛如巨人踏入小人國，根本沒人阻擋得了麥肯，小小的禁區對上他的長人步伐，一點作用也沒有，於是在 1948 年，禁區的範圍被加大了。

第二位是威爾特・張伯倫，身高 216 公分，體重 125 公斤，又比麥肯大了一號，這位號稱籃球史上的神話級球員，不論在任何位置，都能幫助隊伍得

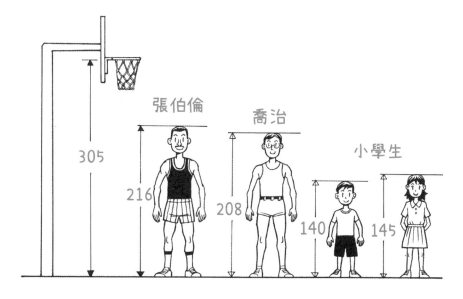

分，最為人津津樂道的則是他單場奪下超過 100 分的不敗紀錄，讓他獲得「籃球皇帝」的稱號。由於這位籃球皇帝如同旋風般橫掃球場，根本沒人是他的敵手，禁區的規則也絲毫無用武之地了。於是 1970 年代，聯盟又再度修改了規則，把禁區的範圍擴大。

2010 年至今，禁區則是變為長 5.8 公尺，寬 4.9 公尺的長方形。

因應球員而生的規則

為了讓球賽更加公平，禁區的範圍越來越不一樣，從一開始的鑰匙孔形狀到如今的長方形。不過像是麥肯、張伯倫、俠客・歐尼爾這些天才球員的出現，也促使籃球規則出現更多的改變。

例如：為了不讓麥肯這樣的長人，一跳起來就可以輕易的阻擋對手投籃，因此有「妨礙中籃」的規定：當投出的球正在下落，都不可以觸碰。為知名球員俠客・歐尼爾制定的「合理衝撞區」，只要在籃下的固定範圍內，讓球員們面對體型龐大的歐尼爾時，可以合理的用身體阻擋，而不被判定犯規。

人類因規則而強大，規則也因人類而進化，是不是很有趣呢！

Q 16
為什麼網球比賽有不同的場地？

我喜歡草地，感覺跌倒比較沒那麼痛。

場地材質不同，也能考驗選手技巧呢！

在不同場地比賽有不同的刺激感吧！

不同場地有不同的挑戰！

不同的場地讓比賽更好看。

　　每年 1 月、5 月和 8 月所舉辦的網球四大公開賽，是網球迷最期待的大賽事。看著各國知名的網球選手使出自己的看家本領，跟對手一決勝負，揮拍、抽球、得分！當球迷們屏氣凝神，定睛看著選手們你來我往之際，一定也會有人發現，他們腳底下的網球場，怎麼有一點不一樣！

　　看轉播時，一定會發現，為什麼有時候網球場是紅色的沙土地；有時候是藍色的硬地；有時候卻又變成在碧綠的草地上開打。難道只是隨隨便便找個網球場，就可以舉辦賽事了嗎？

　　其實網球賽的場地本來就沒有限制，在最有名的網球四大賽──澳洲網球公開賽、法國網球公開賽、溫布頓網球公開賽，以及美國網球公開賽中，就看得出來場地的不同。

澳洲網球及美國網球公開賽使用「硬地」

　　眼尖的球迷一定會發現，四大賽的場地各有特色。

　　每年 1 月舉辦的澳洲網球公開賽場地使用的是藍色的球場，屬於「硬地」。早期的澳洲網球公開賽舉辦時，使用的是草地球場，但是由於當時維護的不夠好，再加上獎金不多、賽事期間與耶誕節太過接近等原因，導致多數選手對這場比賽興趣缺缺。

　　當時日本也想舉辦日本網球公開賽，為了不讓日本專美於前，澳洲政府砸了大把資金整頓球場，將原本的草地改成硬地，並且更新設備，才解

除了危機。

　　8 月底進行的美國網球公開賽，也使用硬地，但由於塗料的厚度和澳洲網球公開賽的硬地不同，所以球反彈的速度也略快，不過氣溫舒適宜人，不像澳洲網球公開賽那般酷熱，對選手們而言，能盡情發揮自己的實力，而不用擔心中暑。

法國網球公開賽使用「紅土場地」

　　於每年 5 月最後一周舉辦的法國網球公開賽，是四大賽中唯一使用紅土場地的賽事，所以天氣的變化也會直接影響到賽事的進行。當天氣好時，土壤變得比較硬，打在土壤上的球反彈較快、球速也較快；但是一旦天候轉為陰雨或溼氣較重時，土壤也受潮變得較為溼軟，打到地面上的球相對也會變得較沉重，考驗選手的技巧與判斷能力。

溫布頓網球公開賽使用「草地」

　　而歷史最悠久的溫布頓網球公開賽，是在法國網球公開賽後兩周舉行，是四大賽中唯一使用草地球場的賽事。在草地球場上比賽，球速與彈跳的高度，都取決於草皮，草皮的密度是否均勻、草地是否有光禿、修剪草地的時間等，都是很重要的因素。

看我飛撲救球！

而草地不像硬地如此堅硬，雙方選手無情的抽球、接球，每一球都重創草地，隨著賽事進行，原本均勻茂密的草地往往變得坑坑疤疤，這時候當球擊打到草地上，變化也會變多，極度考驗選手的反應能力。

大滿貫

四大公開賽的場地各有挑戰，因此當同一個選手取得這四場大賽的冠軍，就叫做「大滿貫」，對網球選手來說，是至高無上的榮耀。這個詞最早是在網球中使用，後來也延伸使用在高爾夫球或是其他的比賽。

時間	名稱	舉辦城市	球場
1月	澳洲網球公開賽	澳洲墨爾本	硬地
5-6月	法國網球公開賽	法國巴黎	紅土
6-7月	溫布頓網球錦標賽	英國倫敦	草地
8-9月	美國網球公開賽	美國紐約	硬地

白色服飾源自上流社會。

只要曾經觀賞過溫布頓網球公開賽的人，一定會對上場比賽的所有選手印象深刻，因為來自各國的人，都不約而同穿著純白色的服裝。

其實這是溫布頓網球公開賽的規定，已沿襲了百年以上：參賽選手必須身著白色服飾，若是衣服、帽子、褲子和鞋子有其他顏色的配色，也不得超過 1 公分的寬度。曾經有女性選手在白色衣服內穿了黑色的內衣，黑色隱隱約約從白色上衣透露出來，就被禁止入場。

屬於上流社會的運動

想要了解為什麼有這麼奇怪又嚴格的規定，就必須先了解網球的歷史。

網球運動源自於一種用手擊球的遊戲方式，後來慢慢演變成用拍子打球，網球運動在不同的國家、不同的時代，都還是受到平民和貴族的歡迎，有些國王甚至怕人民荒廢度日，因此禁止打網球。不過從第二次世界大戰結束之後，網球大致上成為有錢人之間的高尚運動。

而溫布頓網球公開賽這項歷史最悠久的賽事，當然也是上流人士會參加的比賽。據說從 19 世紀開始，為了凸顯網球是上流社會的運動，這些人士都會穿著全白服飾打球，後來舉辦方也因此規定選手只能身著白色衣物入場比賽，原因就只有一個：因為白色比較高貴。再加上女性選手若是穿著其他顏色的服裝，打到汗流浹背時，衣服的顏色也會顯得更加雜亂，這是多麼不高雅的一個行為啊！

選手們的反撲

曾經有選手為了抗議這個規定，拒絕參加溫布頓網球公開賽。另一些比較「叛逆的」選手，則是不甩規定，穿著自己最喜歡的配件上場比賽：例如在 2013 年，球王費德勒就穿著橘色底的球鞋，抗議這項規定；2022 年，澳洲球員尼克・基里奧斯在賽後就戴著他最愛的紅色帽子領獎，引起一陣譁然，有人說他不尊重傳統，也有人覺得他做自己很酷，無論如何，這個規定的爭議一直都在。

為了女生修改規則

這個堅若磐石的古老規定，終於在 2022 年被打破了！原來是有太多的女性選手抱怨這個規則影響到他們在賽事進行中能否發揮實力。到底是為什麼呢？女生每個月都必須經歷生理期，女選手擔心萬一穿著全白的衣服上場，若是月經突然來，她們還得分心煩惱經血是否會從白色的褲子滲出。

於是在國際女子網球協會與各團體討論之後，決定放寬標準，允許女選手可以穿著深色或是中間色調的安全褲，但有個前提：安全褲的長度不能超過短裙，所以乍看之下，女生選手還是全白服飾。

溫網另類傳統——吃草莓

若是覺得溫布頓網球公開賽的白色傳統太古板，讓人喘不過氣，那麼不如一起享受另一個傳統吧！

這個甜蜜的傳統源自 1877 年，在球賽舉行期間，球迷會邊看球賽，邊吃草莓搭配鮮奶油，不過這個傳統可就不是屬於上流社會的習慣了。沒有人知道這個傳統從何而來，也只能猜測可能是在溫布頓網球公開賽開打時，正好是草莓盛產的季節。根據統計，每一年在球賽開打的期間，觀眾們總共可以吃掉約 30 公噸的草莓和近 7000 公斤的鮮奶油！

與錶面刻度有關的計分方式。

　　網球比賽的精采之處，就是看著雙方選手克服球場材質的限制，運用自己最擅長的打法，從對方手中得分。隨著網球越過球網、彈地、再被擊回，觀眾的神經也越來越緊繃，終於，隨著一記漂亮的殺球，終於有選手得分。

　　可是奇怪了，為什麼記分板上的分數，不是 1 分，而是 15 分呢？這就得從網球的起源說起了，還記得前面所提到的網球歷史嗎？14 世紀時，法國的上流社會仕女們喜歡玩一種用手掌擊打用布包成的布球，這就是網球的前身，據說當時就出現了法文的 15、30 和 45 的說法，但這個說法還有待商榷。

用時鐘來計分最方便

　　最為人津津樂道的說法，是利用時鐘的指針來計分，當宮廷中的貴族們專注的投身網球競賽中，還得在腦海中牢記自己到底得了多少分，實在是一件累人的事情，萬一不小心分心，還有可能記錯，更容易起爭執。於是有人想到利用大家都看得見的時鐘來計分。

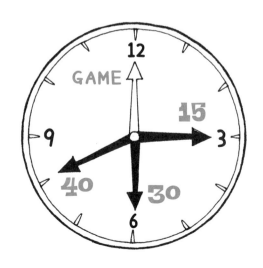

　　圓形的時鐘總共有 12 個刻度，當時的網球規則，就已經是得到 4 分的人可以贏得一局，如此一來正好，時鐘上的刻度正好可以被平分成 4 等分，每得 1 分，就將指針往前調四分之一，分別為錶面上的 15、30、45 的數字，當得滿 4 分，正好繞了時鐘一圈，這樣的計分方式，果然簡單又好記，也因此流傳到現在。

　　可是眼尖的觀眾一定會發現：為什麼以 15 為基數的計分方式，贏得 3 分的選手，應該是 45 才對吧，為什麼會變成 40 ？這可不是裁判作弊或是系統出問題，而是要讓計分方式變得更方便。

　　試想，當裁判在喊分的時候，15（fifteen）、30（thirty），都很順口，突然比賽一方拿下第 3 分時，裁判要喊 45（forty-five）……突然多了一個音節，是不是覺得拗口了起來，一不小心可能還會咬到舌頭呢！

　　為了讓裁判喊分方便，於是決定第 3 分不要以 45 計分，而是改為 40（forty），也就成為現在大家最熟悉的計分方式了。

試著用英文播報網球的比分：fifteen love（15 比 0），thirty fifteen（30 比 15）；再試著唸出 forty-five fifteen（45 比 15），是不是覺得改得有道理呢？

有趣的計分系統

　　網球的計分系統中，還有更加有趣的細節喔，觀眾們一定也會在電視機前聽到裁判喊出莫名其妙的單字，例如：love、game 等，是什麼愛情遊戲在網球場上萌芽滋生了嗎？

其實也這也是為了方便，所謂的 Love，代表的是 0 分，而 game，代表的是贏得一局。法國人習慣用外觀橢圓形的「蛋」來代表 0 分，蛋的法文是「l'oeuf」，發音近似英文的「love」，後來網球流傳到其他國家，久而久之，就以 love 這個字沿用到現在。

了解這些計分方式的由來之後，是不是覺得網球在雙方選手你抽我殺的賽場上，多了一點浪漫的氛圍呢。當自己支持的選手掛蛋，沒有得分，但從裁判口中脫口而出的卻是安撫人心的 love，頓時又燃起鬥志；而以時鐘刻度為單位的報分方式，也在在讓人覺得緊湊，不只在跟對手比賽，也在跟時間比賽，這或許是其他比賽體會不到的趣味吧！

打完 18 洞，剛好喝完酒回家。

在電影、影集中常常看到大老闆們邊打高爾夫球邊談生意，這項看起來溫和又不刺激的運動，是唯一一項他們可以邊比賽、邊聊天，甚至邊談生意的運動。如果把比賽項目換成籃球，足球或是棒球，大老闆們跑得上氣不接下氣、連換氣呼吸都來不及了，如何靜下心來商談雙方的生意呢？

不過，高爾夫球看起來雖然「靜態」，但比賽過程中會遇到各種不同的地形，因此也需要高度的專注力、全身的協調性，和持久的體力才有辦法完賽。聽起來是不是充滿挑戰性呢？

有趣的 18 洞傳說

高爾夫球的起源至今沒有明確的記載，不過有個非常有趣的傳說。

據說這項運動起源於 15 世紀的蘇格蘭高地，當時的人們，會拿著彎曲的木棍揮打石塊，寒冷的蘇格蘭還有一種名產——威士忌，這種利用酵母菌和各種麥芽釀造出來的烈酒，味道濃烈又香甜，在冷冽的天氣中喝上一口就能暖和身子。蘇格蘭人打球時習慣隨身攜帶一小瓶威士忌，打球前會倒一瓶蓋的威士忌飲下，讓身體可以維持在溫暖的狀態發球，一瓶威士忌大約 18 盎司，一瓶蓋約 1 盎司，所以當酒喝完時，差不多也打了 18 洞。

　　當酒喝完了，時間也過了很久，所以大家也覺得該回家休息，所以高爾夫球就打 18 洞。

一開始少於 18 洞

　　高爾夫球就跟其他運動一樣，曾經因為太受歡迎而被君王禁止，15 世紀的蘇格蘭君王詹姆士二世，深怕人民因為這個運動而荒廢訓練，導致無法保衛國土，因此在 1457 年，禁止了高爾夫球運動。

　　而歷史上真正的第一場高爾夫球賽，是在 18 世紀。1744 年，在蘇格蘭愛丁堡的雷斯球場舉辦第一場高爾夫球賽，而這場賽事的球洞數只有 5 個，後來增加到 7 個。這麼少的洞數似乎不具挑戰性，可想而知，在接下來的賽事，洞數自然就往上增加。

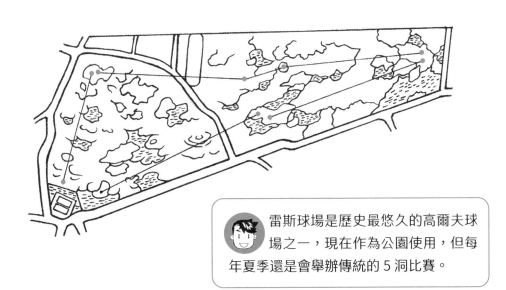

雷斯球場是歷史最悠久的高爾夫球場之一，現在作為公園使用，但每年夏季還是會舉辦傳統的 5 洞比賽。

1764 年左右，在聖安德魯老球場舉辦的高爾夫球賽，就增加為 10 個球洞，而其中有 8 個球洞要打兩次，形成 18 洞最初的形式。不過此時期各球場的洞數不同，也沒有規定打球的順序。

1857 年，高爾夫球的比賽規則才底定為 18 洞，也成為現在的樣貌。

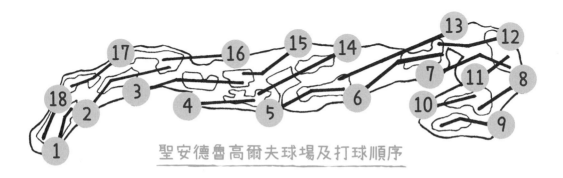

聖安德魯高爾夫球場及打球順序

18 洞的其他起源

關於高爾夫，還有另外的起源說法，一種是高爾夫球運動起源於更早的羅馬帝國，在西元前 1 世紀時隨著羅馬帝國的擴張，這種類似高爾夫球的運動也傳遍了歐洲。

另一種說法則是起源於中國的「捶丸」。在唐代盛行蹴鞠、馬球之際，也熱衷「步行球」運動，玩家們會在一個平台上，用球桿打球，到了宋朝，就演變成捶丸。

從美國流行語轉變的專業術語。

在高爾夫球場上最常見的風景，就是選手站在一望無際、翠綠的草地上，頂著烈日、專注盯著遙遠的高爾夫球洞，在心中仔細計算該使用多少力道，接著扭腰揮桿。小小的白球在藍天劃出一條弧線，往洞口飛去。

順利的話，就會聽到有人喊出「Birdy」（博蒂）。

鳥和打球的桿數有關

小白球順利入洞為什麼要大喊 Birdy ？難道是空中飛過一隻鳥？想了解這個術語的由來就得先認識「標準桿」是什麼？

一般而言，一場高爾夫球賽要打進 18 個球洞，而每一個球洞的距離都略有不同，分為 3 桿洞、4 桿洞和 5 桿洞，也就是說，有花 3 桿入洞、4 桿入洞，和 5 桿入洞的距離。從開球區到打進球洞所需的總桿數，就叫做「標準桿」，一般球場的標準桿總桿數為 72 桿。

若是從開球到打入球洞，桿數剛好符合標準桿，這時候就稱為「Par」（帕），若選手可以用低於標準桿 1 桿的次數，也就是 71 桿，結束比賽，就稱為「Bird」，也就是小鳥的意思。

啊？小鳥？沒錯，就是小鳥，使用這個術語的緣由是，在 19 世紀時，Bird 是美國人的流行用語，意思類似早期我們會說的「酷」，或是現在大家流行用語中的「你很有料」，表示非常好、非常不得了之意。後來，Bird 這個詞被用在高爾夫球賽中，久而久之，就逐漸演變為「Birdy」。

不只小鳥，還有其他鳥類

　　但是人外有人，天外有天，小鳥之外有大鳥。若是以更少桿數打完比賽的選手，豈不是更厲害了嗎？沒錯，比 Birdy 桿數更少的選手，根本就不是一般的小鳥啊，可說是空中凶猛的老鷹。

　　於是，能夠打出單洞少於標準桿 2 桿的成績，稱為「Eagle」（依格，或是老鷹），例如 4 桿洞以 2 桿入洞，或是 3 桿洞以 1 桿進洞，都可以稱為 Eagle。

　　還有比老鷹更大的鳥類嗎？當然有，這種鳥類可以在大海上長時間飛行，展開翅膀後體型可長達 3 公尺，有海上帝王之稱的信天翁。能夠打出低於標準桿 3 桿的成績，就稱為「Albatross」（信天翁），或是叫做「Double Eagle」（雙鷹球）、「Golden Eagle」（金鷹球）。

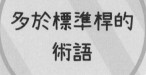

　　以標準桿的桿數為基準，桿數越少，得到的稱號從輕巧的小鳥到海上霸王信天翁都有，若是多於標準桿呢？

　　若是總桿數比標準桿多出 1 桿，稱為柏忌（Bogey），總桿數多出 2 桿稱為雙柏忌（Double Bogey），總桿數多出 3 桿稱為三柏忌（Triple Bogey）。「柏忌」也是一種鳥類嗎？

　　柏忌的術語源自於英國，據說是在 19 世紀時，從一首歌的靈感而來，當時有一首流行歌曲叫做《The Bogey Man》，在英國文化中，Bogeyman 指的是一種妖怪，或是神祕的、奇怪的人。在 1880 年左右，當時的規則是類似標準桿的方式，每個球洞都有標準的擊球次數，稱為地面得分。某個軍官高爾夫俱樂部的成員們進行對賽時，開玩笑的說：「地面得分就像是看不見的第三位選手，我們都在跟它競爭。」於是 Bogey 就這樣進入高爾夫世界，後來也逐漸普及，成為現在的術語。

原來我是
柏忌呢！

Q21
羽球是誰發明的?

這項運動感覺非常古老,我猜一定又是貴族的遊戲。

派派非常接近答案了喔。

Badminton

羽毛球的英文是 Badminton,會不會就是發明者的名字呢?

羽球運動是由板羽球演變而來。

　　2020 年的東京奧運，台灣羽球選手在東京大放異彩，不只男子雙打奪下金牌，女子單打的戴資穎選手也勇奪銀牌佳績。最令人印象深刻的，就是選手在球場上揮汗奮戰的風采，一下子是網前出人意料的小吊球、一下子是躍上空中迅雷不及掩耳的殺球，各種欺敵巧招你來我往，好不刺激。

　　節奏緊湊、令人緊張到差點忘記呼吸，是羽球賽事的特色，而板羽球是拿著木板，拍打紮著羽毛的小球，不讓小球落地。除了拍子之外，是不是都跟羽球很類似呢？這項運動在世界各地都有類似的紀錄，如中國、日本、印度、歐洲等地區，經過兩千多年後，仍然在現代體育占有一席之地。

日本叫做羽根突。

　　而羽球據說是起源於 19 世紀的印度，當時在印度的浦納城流行的板羽球玩法，是兩人之間隔著網子，用木板擊打綁著羽毛的絨線團，很接近現代的羽球。

從印度流行到英國

當時這種板羽球運動的名稱就叫做浦納。居住在印度的英國軍官看到印度人玩起板羽球，覺得十分有趣，當軍官回去英國，浦納也跟著傳回了英國。沒想到浦納這種看起來優雅又不失樂趣的運動，在英國當地掀起一陣潮流，甚至有俱樂部舉辦浦納比賽，當時比賽大多舉辦在戶外，有時候會在球上面塗上橡膠，或是加入鉛來增加球的重量；在比賽人數方面，最多可 4 人同時比賽，類似現代的羽球雙打。

19 世紀一幅畫著人們玩浦納運動的插畫。

圖片來源：維基百科

以前的人都不穿運動服嗎？

羽球運動的英文名來自一個地名

1873 年，英國的格洛斯特郡，貴族博福特公爵在柏明頓莊園（Badminton House）舉辦了一場公開表演賽，這項新奇的運動引起所有人的好奇，但大家卻不知道怎麼稱呼這種運動，於是就以柏明頓莊園為名。所以羽球運動的英文名才為 Badminton。

由於當時的規則過於模糊，常常會有選手為了爭得分而吵架，於是在

1887 年，巴斯羽球俱樂部把這項運動加以改良，並且制定了詳細規則，現在羽球的雛型至此大致完備。到了 1893 年，英格蘭羽球協會成立後，大刀闊斧的重新研究規則、加以修改審定，就成為了現在羽球的樣貌。

羽球小祕密

羽球的英文叫做「shuttlecock」，shuttle 是指比賽時球前後來回移動的狀態，很像織布機使用的梭子；cock 用來形容羽球外觀像是公雞身上的羽毛。

羽球身上的羽毛大有學問，若是羽毛品質不佳，選手就無法順利比賽。早期使用鴨子或是鵝的毛，尤其以鵝毛的品質最高。羽球上的每一根羽毛，都必須經過挑選，不但長度要相同，方向也要一樣。同一顆羽球上的羽毛，都必須是鵝或是鴨子身上的同一側羽毛，所以才有分為左毛或是右毛，也因此，一顆羽球雖然只有 16 根羽毛，但卻必須從兩隻鵝（或是鴨）身上挑選。

然而今日科技進步，羽球大多不用真毛，而是使用人造羽毛，讓羽球可以更堅固、更輕巧。

Q22
古時候的體育課要學騎馬？

太酷了，我看武俠片大家都會騎馬，學校當然要教啊！

不是人人都能學騎馬的喔！

在東西方的文化中，騎馬是上流社會人士的必備技能。

因為不會騎馬很不方便，無法出遠門。

貴族、紳士要學騎馬。

　　汽車、機車是現代人必備的交通工具，只要油門一踩，想去多遠的地方都沒問題，而在科技、工業尚未發展的古代，就只好請馬兒幫忙啦！在古裝電影中，主角們飛身躍上馬匹，兩腳一踏，馬兒便聽話往前奔馳；西方影集中則是有西部牛仔悠閒坐在馬背上，從荒漠進到市鎮。

　　馬匹是古代十分重要的坐騎和獸力。但是，不是任何人都可以學騎馬的呢！

　　在古代，騎馬是貴族、上流人士必須學會的技能，所以才會有「騎士七技」、「孔子六藝」的名詞出現。

　　西方文化中，騎士是歐洲中世紀的貴族階級，更是勇敢與正義的化身，身為一位騎士，有

西方古代繪畫中，騎士總是騎著馬，英姿颯爽。
圖片來源：維基百科

七項技能一定得學會，分別是游泳、射術、劍術、獵術、牌術、棋術、吟詩以及騎術。馬在歐洲文化中有高貴的象徵，所以騎士學騎馬，除了實用性之外，也和自己的身份地位相得益彰。

中國古代的六個學科

　　在中國古代，有六種技能是貴族必須學習的，分別是禮、樂、射、御、書、數，只要懂得這六項，就能處理日常生活中的大小事。其中的「御」，就是指駕馭馬車的技能。而這項技能也有很多細節必須注意，就如同現代

學開車、騎機車一樣，有很多一定要會的技能。例如：駕車時，馬車上會裝有鈴鐺，鈴鐺的聲響必須一致、穩定；要會沿著彎曲的河岸駕駛馬車前進；還必須安全通過有設置障礙物的門道；以及能否在長距離駕駛馬車的情形下安然轉彎、執行；能否邊追逐獵物邊駕駛馬車。這些聽起來比現代人開車還要困難的技巧，是當時的貴族必須學會的技能。

要學會駕馬車，太難了吧！

古代人真是多才多藝。

從貴族的技能成為運動賽事

馬與人類的關係如此密切，駕駛馬車又是這麼重要的技能，沒出現在運動場上競技當然說不過去。古代希臘的奧林匹克運動會，就有雙輪馬車賽，考驗選手駕馭馬車的能力，等同於現代的賽車。

　　而現今奧運中的馬術比賽，在 1900 年的法國巴黎奧運，就被列為正式的比賽項目，後來衍生出的項目還有馬場馬術，障礙賽和三日賽。

　　馬場馬術又稱為「盛裝舞步」，主要是考驗人和馬的默契，選手必須騎著馬，讓馬做出許多指定動作，例如：原地踏步、快步、跳躍等動作，裁判會依這些動作的優雅程度、默契度來評分。

　　障礙賽則是在場地上設置許多障礙物，像是矮牆、水溝等，選手必須騎著馬跳過這些障礙物，若馬選手踢倒了障礙物會被扣分，拒跳兩次的話直接淘汰。

　　三日賽最累人，必須在三日內進行多項賽事，可能也包含馬場馬術、障礙賽等項目，最考驗選手和馬的體力及耐力。

Q23
馬術是從古到今，唯一男女共同競賽的項目？

咦，為什麼馬術比賽沒有分男女？

是不是因為，馬術比賽重點是馬，不是人。

馬術是著重在人和馬的默契，所以都一樣重要。

馬術直到現代奧運都是
男女共同比賽的項目。

　　綜觀漫長的歷史，不論東方還是西方，大多數地區男生和女生一直都不處於同等的地位，男生被認為力氣大、可以賺錢、處理危機、保護其他人；而女生則被冠上柔弱的印象。也因此，男生往往享有更多的權利和機會，而女生就只能待在家裡，協持家事。也因為如此，女生幾乎沒有機會上學，或是參與政治、商業活動等活動。

　　體育競技也是一樣，現代奧運在 1896 年第一次舉辦時，參加的運動員全部都是男性。到了下一屆，雖然已有女性選手參加，但只有 22 名，分別參與了高爾夫、網球、槌球、帆船、馬術五個項目，其中高爾夫和網球是男女分開比賽。經過幾屆後，對女性開放的奧運項目仍然不多，因此女性選手人數比例一直不超過全體人數的百分之五，直到 2000 年的雪梨奧運，所有的項目才對女性開放，除了棒球。

不著重在力氣的比賽

　　馬術項目的重點，是在人與馬之間的默契，若能達到人馬合一的境界，讓馬匹聽取指令，完成高難度的動作，就能得分，選手本人的力量大或小，一點都不重要，選手是男生或是女生，也不是唯一的考量，技術和訓練才是關鍵。

　　也因此，在馬術比賽中，女生選手可以不用被侷限於自己的性別或體

型的差異，透過自己的技巧和表現來取得勝利。

　　還記得前面提到馬術比賽的起源嗎？馬術的起源與騎士文化有關，而騎士一直以來都是歐洲上流社會中的男性才能擔任。隨著時代的演變，這種觀念逐漸被打破，女生也能在馬上展現實力呢！

　　在 1952 年於芬蘭舉辦的奧運，馬場馬術首次開放女性選手參加，丹麥選手莉絲・哈特爾在與男子同場競技中勇奪銀牌，這也是運動史上首次在正式比賽中，女生打敗男生奪牌的紀錄。更令人震驚的是，這位選手在二十幾歲時，就罹患了小兒麻痺，造成膝蓋以下無法行動，她能克服自己身體上的障礙，打敗男性，更加難能可貴。

曾經男女一起比賽的項目有槌球（1900 年）、帆船（1900 ～ 2008 年）、射擊（1968 ～ 1992 年）和馬術，但槌球、帆船和射擊後來陸續改為男女分開，只剩下馬術一項。

這些運動著重策略、判斷力，可以展現女性的優勢。

古代希臘奧運也有女性冠軍

　　賽尼斯卡是古希臘斯巴達的一位公主，賽尼斯卡的父親是古希臘斯巴達的國王阿基達莫斯二世。雖然貴為公主，賽尼斯卡卻不是一般人所認為的那種柔弱公主，她擅長戰車訓練和騎術，並且遠近馳名。

　　在當時，馬戰車比賽分為雙馬戰車和四馬戰車，兩種項目都非常危險，因為在馬匹高速奔跑之下，常常一不小心就會翻車，嚴重的話還會導致死亡。但賽尼斯卡藉著不凡的勇氣和決心，讓她在西元前 396 年和 392 年的兩屆古希臘奧運上，以出色的騎術擊敗了許多男性參賽者，贏得戰車比賽的冠軍，這也是古希臘奧運史上第一位女性冠軍。

一次要駕馭四匹馬，超級厲害！

Q24
現代奧運的馬術項目，馬選手怎麼運到比賽國家場地？

馬選手有專機運送。

　　奧運比賽時，馬術項目是唯一需要人類選手和馬選手共同合作的項目，因此總會引人好奇：馬是舉辦國挑選呢？還是選手自己帶馬？自己帶馬選手的話，馬要怎麼出國呢？

　　由於馬術的難度很高，人類選手一定要和自己的馬匹培養默契才有辦法一起參賽，不可能在比賽時，隨便挑選一隻陌生的馬上場比賽。因此這些被選手們視為心頭肉的馬寶貝們，肯定是要跟著選手們遠渡重洋，到奧運舉辦國去為國家爭光。但是一匹馬的體重約有 500～600 公斤，想要一次運載大量的馬匹，肯定就只能出動巨型的貨機。

馬如何搭貨機

　　目前世界上最大的貨機——波音 777，就曾在東京奧運舉辦時，運載了數十匹馬前往會場。雖然是用貨機運送馬匹，但馬終究不是貨物，而是背負著國家榮辱的重要選手，當然不能馬虎。其實呢，運送這些馬匹的貨運公司都經驗老到，從 1960 年開始就負責運送馬匹。馬選手想要搭上飛機，得出示健康文件，以及自己的護照才能登機；牠們在貨機上也不需要馬擠馬，而是有舒適寬敞的大房間，飛機從各地飛往日本需要好久的時間，在這段時間內，貨艙內的溫度不能過高、也不能太低，要維持在馬兒覺得舒適的攝氏 16 度；當馬選手肚子餓時，也要有足夠的飼料供牠們食用，渴了要有水喝。根據統計，2021 年舉行東京奧運時，貨機上除了馬匹，

　　還放置了 26000 磅的飼料，及約 1500 公升的水，確保這些馬兒不會挨餓。

　　如果這些馬選手在飛機上突然生病了該怎麼辦？畢竟對馬來說，身處在陌生的機艙內，又位於高空，這根本不是一般的馬會遇到的環境啊！這也不用擔心，其實貨機上會有專業的隨行人員和獸醫，他們會確保貨機上的馬選手健康無虞，一路抵達奧運會場喔！

　　當然，飛行員也非常貼心，為了不讓這些習慣在陸地上奔馳的選手們感到害怕或是不舒服，在飛機起飛、降落時，也會盡量減少機身的震動，以免嚇壞了牠們。

馬選手搭飛機，一點都不馬虎。

下機後還得檢疫

以東京奧運為例，在舉辦奧運的那一年，歐洲正好爆發嚴重的馬皰疹病毒，為了確保病毒不會隨著這些馬匹前往其他國家而隨之傳染，出發前除了要經過 60 天的檢驗和健康監測之外，到達日本後，還得隔離 7 天，確保馬兒健康無虞才能放行。

2020 東京奧運在 2021 年舉行

2020 年，東京在睽違 57 年後，再度舉辦夏季奧運會，沒想到當年發生了嚴重的新冠疫情，在全球傳染開來，四年一次的奧運會因此停辦。後來於隔年的 7 月 23 日至 8 月 8 日舉行。

好帥哦！

Q25
奧運最早的游泳比賽
是比哪一式?

奧運游泳比賽最開始沒有限制。

　　仔細端詳奧運比賽的游泳項目，除了分為男子、女子組之外，還以泳式區分：仰式、蛙式、自由式、蝶式；以距離區分：50 公尺、100 公尺、200 公尺、400 公尺接力，甚至還有男女混合接力。琳瑯滿目的項目，讓喜愛游泳項目的觀眾是看得心花怒放、目不轉睛。

　　在 1896 年所舉辦的雅典奧運，游泳首度被納入比賽項目，當時沒有限制選手該用哪一種泳式出賽，只分為 100 公尺、500 公尺以及 1200 公尺距離的比賽。不過哪來長度 1200 公尺這麼寬的游泳池呢？答案是：沒有游泳池！什麼，沒有游泳池！那選手該在哪裡比賽呢？

用生命拚搏的游泳比賽

　　當年的奧運主辦方，將比賽場地辦在希臘的奇亞灣海域附近，用繩索穿過空心的南瓜，簡單的區分出各個選手的水道。而比賽的方式也非常奇特，選手們不是從岸邊下水，而是被載往海面上搭建的臨時平台，以平台為起點，下水後選手們各憑本事，用自己最擅長的泳式拚命游回岸邊，先抵達者即為獲勝。

　　為什麼說「拚命」呢？因為在一個開放式的海域游泳，選手們必須面對許多無法控制的變數，可能是海流、可能是強風、可能是溫度，而偏偏比賽當天，各種想像得到的狀況都出現了，不只氣溫驟降，還颳起了強風，導致海浪洶湧。那一年，有四個國家派選手來參賽，分別是美國、匈牙利、

奧地利和舉辦國希臘，原本有數十位選手，這些選手看到海況後，願意下水參賽的不到 20 人。

各式泳式的加入

隨著時代的演變，奧運游泳項目，也增加了其他泳式的項目，在 1900 年的巴黎奧運，增加了仰式的項目，1904 年的聖路易斯奧運，又增加了蛙式的項目，游泳項目越來越多元、越好看。

一定會有人問，那麼看起來最華麗的蝶式項目是何時才出現的呢？蝶式是這四種泳式中，最晚被發明的。由於游泳項目越來越競爭，「如何游的更快」就成為各國選手的功課，大家從這三式中改良動作，一開始是改良了蛙式擺動手的動作，讓選手像是蝴蝶擺動翅膀，後來有人從魚兒得到

靈感，讓選手合併雙腿，像魚兒擺動尾鰭般的游動，1933 年，蝶式的動作大致上被完整使用。

自從蝶式出現後，越來越多選手在奧運蛙式項目中使用蝶式的擺手方式，終於，在 1956 年的墨爾本奧運，增加了蝶式的項目。

奧運中的自由式是捷式嗎？

一提到奧運游泳項目中的「自由式」，放眼望向泳池，清一色的選手都使用捷式，讓大家誤以為自由式指的是捷式，其實，這個自由式，指的是讓選手自由發揮，想要用任何泳式出賽都可以喔！國際游泳總會規定，只要是項目明定為「自由式」，選手可以用任何泳式，但由於捷式和其他三種泳式比起來，速度快、又比較不疲累，所以在自由式的比賽中，大部分選手都會選擇用捷式。

古希臘時代就有的跳水運動。

　　跳水這種活動，看似很新潮，其實早在人類懂得接近水的時候，就已經自然而然的發展出這種活動。最早的跳水紀錄，出現在西元前 400 多年的義大利，裡頭的一座墓裡記錄著跳水的壁畫；在中國的宋朝時期，也發展出一種「水秋千」的器材，這個器材類似秋千，架設在小船上，一群人在河上划船，然後其中一人就盪著秋千，就著秋千前後擺動的推力，順勢跳往水中。

　　雖然看起來有點奇怪又危險，但這也說明跳水的魅力不會被歷史掩蓋，在任何時代、任何國家，都能自創一套遊戲規則。

　　不論是在山林中跳水、或是在港灣邊，甚至是冒著被小船撞到的水秋千玩法，跳水者追求的都是一種自由自在的感覺，用自己最舒服的姿勢、甚至是大吼大叫入水，總之入水後能成功浮出水面的都是贏家。

　　但是當跳水變成正式賽事，可就不是這麼一回事了。

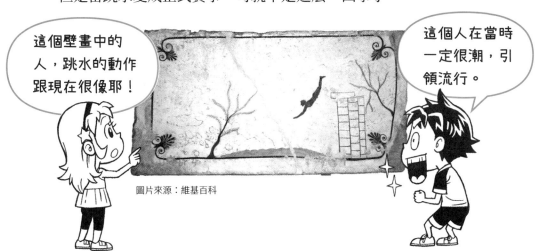

這個壁畫中的人，跳水的動作跟現在很像耶！

這個人在當時一定很潮，引領流行。

圖片來源：維基百科

由體操演變來的跳水運動

　　正式的跳水運動，講究選手在空中的花式演出，以及入水時的姿態，為什麼自由自在的跳水活動成為一項比賽時，變得這麼嚴謹呢？這是因為現代的跳水運動，可以追溯到西元 18 世紀，當時有一群體操選手在海邊架設吊環、跳箱的設備，希望在練習體操時，能夠藉著海水的緩衝降低受傷的風險，可能也是碰巧，體操選手在空中展現高難度的人體姿態後入水，引起了許多人的興趣，於是逐漸變成跳水運動。

　　世界上第一次出現跳水比賽，是在 1880 年代的英國，選手比賽的時間只有幾秒鐘，卻能展顯出高難度的優雅姿態，令現場所有觀眾印象深刻。橫空出世的跳水比賽，也在 1904 年被加入奧運的比賽項目中，不過更值得一提的是四年後，1908 年的倫敦奧運，多了花式跳水的項目，主辦單位用有彈性的跳板取代固定的高台，讓選手可以藉由跳板的彈性施力跳得更高，有時間在空中展現更高難度的姿態。

10公尺

奧運這類的大比賽，跳水的高度都是 10 公尺起跳呢！

另類的
懸崖跳水

　　除了被列為正式比賽的彈板跳水和跳台跳水之外，還有一種非正式的跳水比賽，是從更高處跳水，稱為「懸崖跳水」。這項運動起源於西元 1700 年左右的夏威夷，當時有一位夏威夷酋長，嘗試從一座懸崖跳水，於是這個壯舉成為現在懸崖跳水的發想。

　　參加這項比賽的選手，必須站上 27 公尺高的跳台，27 公尺有多高呢？以一層樓 3 公尺計算，參加懸崖跳水的選手，等同於要從 9 樓高的地方往下跳，光是站上跳台，就需要莫大的勇氣了。雖然危險又具挑戰性，但是參賽者還是絡繹不絕，因為每一年的賽季會在不同地點舉行，可能是在城市內的高樓、也可能是鬼斧神工的峭壁懸崖，只要克服恐懼，成功站上高台，就能用不一樣的角度欣賞到這個世界的美景呢。

我有懼高症……

ᐟ Q27
跆拳道的腰帶為什麼有
不同顏色？

老師我可是黑帶高手喔。

那顏色應該代表年紀吧，年紀越大顏色越深。

一聽就知道你是門外漢。

跆拳道的腰帶，每種顏色都有特別意義的。

腰帶顏色代表段位。

　　如果要問每個人小時候學過什麼才藝，跆拳道肯定是前三名，這項技藝不但可以鍛鍊身體、強健意志力、還可以用來防身，可以說是大人小孩都喜歡的一項運動，在任何年代似乎都不退流行。

　　其實跆拳道歷史悠久，源自於古代的朝鮮，是當時的朝鮮人為了保衛自己的家園，所發展出來的一套防身、健體的武術，後來才逐漸演變成一種競技比賽。

用顏色來區分等級

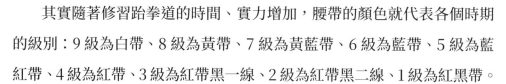

　　學過跆拳道的人，一定對於剛剛進入跆拳道教室，穿上跆拳道服的那一刻最有印象，純白的道服腰間繫著純白的腰帶，看起來就像是武術高手一樣氣勢十足。

　　其實隨著修習跆拳道的時間、實力增加，腰帶的顏色就代表各個時期的級別：9 級為白帶、8 級為黃帶、7 級為黃藍帶、6 級為藍帶、5 級為藍紅帶、4 級為紅帶、3 級為紅帶黑一線、2 級為紅帶黑二線、1 級為紅黑帶。

強還要更強

　　當腰帶變成紅黑帶之後，就表示已經是一位很熟悉跆拳道的高手了，但你以為這樣就結束了嗎？人外有人，天外有天，就像是電腦遊戲中的角

色提升到最高等級之後，還可以突破界限變得更強一樣，拿到黑帶的學生，若是年紀不到 15 歲，就用「品」來區分實力，可分為 1～3 品。

年紀 15 歲以上的學生，就得用「段」來區分實力，隨著年紀越長、實力越強，段數也就越高，總共可分為 1～9 段。

跆拳道腰帶顏色的意義

白帶	白色象徵著純潔、新生，代表著剛進入跆拳道世界的初學者，對專業的技術和知識都不了解。
黃帶	黃色象徵正在萌芽的植物的顏色，表示學生開始學習基本的動作和技巧，正是打穩根基的時候。
綠帶	綠色象徵枝枒茂密的草木，代表學生已經掌握了基本技術，開始學習更進階的技巧和戰術。
藍帶	藍色象徵著大樹往天空生長，代表學生的技術已經成熟，接下來得更加突破和進步，並培養出更加靈活和精準的動作。
紅帶	紅色象徵警戒、危險，代表學生已經有相當的實力可以攻擊對手，但能力強的人往往容易驕傲自大，紅色也代表要注意自身的修養與克制。
黑帶	黑色是白色的相反，代表學生已經掌握了跆拳道的精髓，具有了頂尖的技術水平和道德修養，可說是專家。

黑帶高手要學會品勢

前面提到黑帶高手們還是要不斷增強自己的實力，往更高的品級、段數邁進，所以他們必須通過考核才行。考核的內容除了實戰、擊破等技巧，還有一項「品勢」。

品勢是什麼呢？其實它也出現在奧運比賽的項目中喔。品勢是將跆拳道的各種招式、技巧，組合成固定的套路，然後在會場上展現出來。但如果把品勢當作類似舞蹈表演就大錯特錯了，所謂的「品」，是指樣貌；「勢」則是氣勢，也就是說，雖然不是真的對打，但場上的選手們還是得將動作的精神和氣勢都完全展現出來，如果說跆拳道著重於外放的攻擊，那麼品勢講究的則是內在意志力和精神的強大。

跟著老師一起練習品勢動作。

Q28
跆拳道跟空手道有什麼不一樣？

從字面上，跆拳道用拳，空手道可以用……手刀？

服裝都很像，根本分不出來。

這兩種運動光是起源就很不一樣了。

跆拳道和空手道在技法上也完全不一樣。

跆拳道和空手道的**起源**不同。

　　在觀賞奧運賽事時，其中有兩項比賽常常讓觀眾們摸不著頭緒，分別是跆拳道和空手道，同樣都是穿著白色的道服，腰上綁著腰帶，雙方選手又是踢、又是打的，看起來很像，但卻又是兩種不同的比賽。

　　想要了解兩種比賽的差異，可以先從歷史看起。

　　先來說說空手道好了，空手道源自於日本的沖繩，也就是琉球。據說，在 16 世紀時的琉球國，就有屬於當地的武術——琉球手，或稱為沖繩手。所謂的手，是武術的意思。

　　在 19 世紀時，琉球國的一位武術家佐久川寬賀到中國參訪，並留在北京學習中國拳法，當他返回琉球時，便將外來的中國拳法與在地的琉球手融合，發展出一套全新的武術，稱為「唐手」，也就是空手道的前身。

琉球手

空手道的起源有很多種說法，其中一個還說是農民用手砍甘蔗發展來的呢！

技術大不同

　　從技術面來看，空手道的技術比較多元，可以分為踢、打、摔、投、拿、鎖、絞、逆技、點穴等，從這幾個面向來看，不難發現空手道選手在比賽時，需要較全面的攻防，選手比賽時可以出拳、踢腳、還可以使用手肘、膝蓋攻擊，更可以將對手摔倒、制伏在地。空手道的比賽，在雙方的攻防之間，充滿變化與靈活度。

空手道的幾種招式

　　跆拳道所謂的「跆」，指的是踢擊；「拳」，指的是拳擊，也就是說，跆拳是利用手和腳攻擊的武術，不過在賽事中，跆拳道更重視的是踢擊的攻擊，以攻擊力道和速度而言，手部的攻擊幾乎難以得分，但腳就不一樣了，不論是旋踢、後勾踢等，都是兼具力量和速度的攻擊招式，因此在賽事中大多看到選手都是利用腳來攻擊。

跆拳道的比賽有對打和展示固定套路的「品勢」；而空手道也有類似的「形」之競賽。「形」是選手和自己假想的對手對打，在場上展示演出，不同的空手道流派有不同招式，目前被世界空手道聯盟認證的招式有 102 種，所以選手們必須從這 102 種招式中挑出自己擅長、且容易獲勝的招式練習。

哎呀，根本站不穩。

跆拳道改用電子護具計分。

　　跆拳道比賽中的每一腳，都是得分的關鍵，可是讓許多人無法理解的是，有時候看起來明明踢中了，卻沒得到分數？難不成是裁判偏心？不！不！不！誤會可大了，其實這都是電子護具的關係喔。

　　只要熟悉跆拳道賽事的人，一定都很享受那種場上選手快如疾風、力道如雷的拳腳技巧，而選手主要以力量大的踢擊為主，早期的跆拳道比賽沒有護具，腳腳到肉的比賽雖然刺激精采，但是也容易對選手造成嚴重的傷害，所以後來規定選手必須穿戴護具。

　　選手身上的護具包括頭盔、護胸、護臂、護腳、護陰或護檔、拳套、護齒等等，原本靈活自在的身體穿上這麼多護具，活動度肯定大幅降低，而得分的關鍵則是由裁判看選手踢擊的位置、力道，以及踢擊時的聲音來裁定分數。

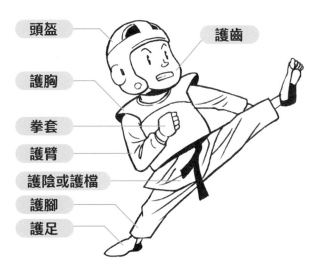

頭盔　護齒　護胸　拳套　護臂　護陰或護檔　護腳　護足

遏止跆拳道的陋習

雖然大部分的比賽都以裁判裁示為主，但跆拳道卻是惡名遠播。早期的跆拳道比賽極度不公平，許多賽事在裁判刻意的偏袒、私心之下，造成許多有爭議的得分。但跆拳道比賽實在太精采了，使得它在 2000 年的雪梨奧運被列為正式的比賽項目。

既然變成了正式項目，就一定得擺脫過往的惡名，讓全世界的人看到嶄新的跆拳道，於是「電子護具」就登場了。所謂的電子護具，是在護具中加裝電子設備，例如在選手腳上的電子腳套，就有感應器，當選手踢中對方的護胸，有點類似遊遊卡碰觸到匝門的刷卡概念，就能計分。

電子護胸　電子頭盔

3　1

計分板

訊號接收器　電子腳套或拳套

使用電子護具計分的方式好處在於，身為人類的裁判可能會分心、偏袒、或是因為長時間的監看賽事而疲勞，各種狀況都可能導致裁判誤判，但電子護具不會有這些問題，所以雙方選手都能打上一場真正公平的比賽。

電子護具改變選手技巧

電子護具的得分原理，是靠選手踢擊當下的接觸面積，以及踢擊的力道，由電腦判定分數，雖然看起來和使用傳統護具時的比賽沒有不同，可是在場上的選手們肯定會知道這是兩種截然不同的比賽。

既然電子護具只需要讓腳上的電子腳套碰觸到護胸就能得分，為什麼還要耗費全身力氣用力踢出致命一擊呢？於是跆拳道比賽也逐漸改變了，有人覺得跆拳道比賽變得很難看，因為再也看不到選手們在對峙中找尋空隙，然後使出奮力一踢的精采過程。

不過還是有大多數人覺得電子護具的加入讓比賽變好看了。因為傳統的跆拳道比賽，選手們為了奪得高分、扳倒對手，在場上花了好多時間對峙，然後找到最佳機會才用盡全力踢擊，這樣的比賽攻擊次數很低，但一出腳就是重擊；改為電子護具計分之後，選手們的目的不再是讓對手倒地，而是「我只要踢中對方胸口那塊護胸就好了」。因此選手會採取更頻繁的攻擊方式，這也讓比賽變得流暢度很高。

即便如此，還是不能忽視跆拳道選手出腳的力量喔，那擊在護胸上的腳力，還是可以把一般人踢傷的呢！

蹦 蹦

我踢得很小力喔。

自行車

🚴 Q30
最早的自行車比賽是怎麼來的?

一定是兩個不服輸的人騎車時遇到了,就比賽誰騎得快。

可能是騎車玩「來追我啊」的遊戲。

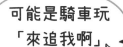

最早的自行車比賽是在公園裡喔。

你以為是演八點檔嗎?

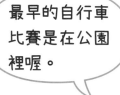

公園裡的自行車賽。

　　每次從電視螢幕上看到自行車賽事，最常見的就是一大群車手密密麻麻靠攏著騎車，就像「黏」成的一條龍，在蜿蜒的柏油路上追風馳騁。人類從走到跑、從跑到騎上自行車，自行車的誕生，證明了人類可以藉由自身的力量，突破速度的極限，既然自身的速度可以突破，那麼就可以追求更巔峰的境界，當然就會有賽事的產生。

世界上第一場自行車比賽

　　1868 年的 5 月 31 日，法國巴黎舉辦了史上第一場自行車比賽，於聖克勞公園舉辦。這場比賽的路程有 1200 公尺，乍聽之下應該讓所有人覺得匪夷所思：現代人的路跑賽就連親子組都有 3 公里長了，1200 公尺還要比什麼自行車？因為在當時，自行車還沒發展成現在的樣貌呢！選手們必須踩著踏板，驅動實心厚重的輪胎，奔馳 1200 公尺，著實不容易。

　　到了 1896 年的雅典奧運，自行車競速變成比賽項目，並且可以分成三大類型，分別為騎在馬路上的「公路賽」、以及在室內場地繞圈的「場地自行車賽」，

還有突破平地限制，必須騎上山路、克服各種地形障礙的「越野賽」。根據不同的地形，也在在考驗著選手的體力、耐力以及應變能力喔！

最早的腳踏車設計

人類是從何時想要「變快」的呢？綜觀古今，想要追求快速、便利的人類，一直都是依賴馱獸的力量，例如騎馬、牛、驢、駱駝等，畢竟四隻腳肯定是比兩隻腳快多了。人類想要借助兩個輪子提升速度，最早的紀錄出現在達文西的筆記裡，1766 年，一群修士們在修復達文西的手稿時發現了類似腳踏車的設計圖，只是沒有付諸實行。

圖片來源：維基百科

腳踏車的誕生

腳踏車的創意一直若有似無的出現在人類的發明歷史中。1791 年，一位名為西夫拉克的法國人，走在雨天的路上，卻被疾駛而過的馬車濺了一身淤泥汙水，他看著狼狽的自己心想：「在路上行駛的四輪馬車實在太寬了，應該要窄一點才對。」於是他突發奇想，把馬車從中切一半，做出一台只有兩個輪子的小馬車，這就是最早的腳踏車。

　　1817 年，德國人卡爾德萊斯也發明了一種由兩個木頭輪子組成的兩輪車，並且在車身前方加上手把，以兩腳蹬地，驅動車子往前滑行，聽起來是不是越來越有腳踏車的樣子了？

　　但是好像還是少了一點什麼？

　　沒錯，就是踏板。1840 年，蘇格蘭的鐵匠麥克米倫，沿用了卡爾德萊斯的構想，把輪子改成鐵製，然後在後輪兩側裝上曲柄，如此一來，人類的腳終於可以輕鬆一點了，不需要

自行車的原型。　　圖片來源：維基百科

滑稽的不停蹬地，只需要踩著曲柄，就能前進。後來陸續發明了可轉動的腳踏板，直到1886 年，在約翰・塔利斯的改良下，腳踏車的樣貌大致完成。

　　不過最重要的里程碑是輪胎的改良。1888 年，愛爾蘭的獸醫——約翰・普祿登，把花園中澆花用的橡皮管繞成圈，充飽氣後固定在自行車上，讓自行車騎起來更加舒適，這就是充氣輪胎的開端呢！

🚲 Q31
最有名的環法自行車賽，
最早是因為抗議活動？！

為冤枉入獄的軍官發聲。

2021 年的環法自行車賽路線圖。
圖片來源：維基百科

　　一提起最著名的自行車賽事，第一個想到的絕對是環法自行車賽。環法自行車賽最吸睛的除了來自四面八方的精銳自行車隊，在公路上馳行，映入眼簾的是各式各樣的景觀，可能是綠林、可能是城市，每天都因路線不同而變化，誰能想到，如此壯麗的賽事居然源自於一場冤獄事件。

 每年 7 月，在法國舉行的環法自行車賽，採多個路段的騎行賽，選手們每天騎一個路段，總共需騎行 23 天，平均比賽的長度都會超過 3000 公里，等於是要繞行台灣三圈以上呢！

屈里弗斯事件

　　阿弗雷・屈里弗斯是法國猶太裔軍官，出生於法國的阿爾薩斯，雖然阿爾薩斯在 1871 年的普法戰爭後，被併入了德意志帝國，但是屈里弗斯一家人仍然決定保留法國國籍。

　　屈里弗斯求學、被栽培成軍官、結婚等的人生過程可說是一帆風順，但是在 1894 年的 9 月，厄運突然降臨了。法國情報機構收到一份來自德國間諜的密報，文件中提及法國有一位軍官要提供法國炮兵的機密情報給

德國軍方，而擁有猶太血統、老家又是位於德意志帝國的屈里弗斯，就成為了頭號嫌疑犯，再加上他也曾經回到阿爾薩斯參加父親的喪禮，被視為與德方互通有無的證據之一。

屈里弗斯肖像。
圖片來源：維基百科

事情調查 1 個月之後，屈里弗斯被冠上叛國罪，儘管各種證據都無法證明他與此事有關，但是法官還是判他入獄。在 1895 年，屈里弗斯被押送到遙遠的海上小島——專門關押重刑犯的魔鬼島，開始孤獨的監禁生涯。直到 1906 年，法國大選過後，屈里弗斯事件重新被關注，終於獲得平反。

引發報社對立

其實屈里弗斯並不孤單，在他被冤枉的時候，法國當時最大的報社《自行車報》就常常在報紙評論中堅信屈里弗斯的清白，這個行為也引起反對者的不滿。為了與《自行車報》對抗，有些商人和報紙編輯一起成立一間新的報社，叫做《汽車報》。

新報社想要和大報社競爭，唯有提高自己的知名度，於是《汽車報》決定舉辦自行車賽。第一場環法自行車賽，在 1903 年誕生了，當時的賽事只有 6 個路段，總長約 400 公里，報名人數也不多，不過隨著每年獎金和知名度的大幅提升，終於變成世界知名的賽事，而這應該也是屈里弗斯料想不到的吧！

著名的三大自由車環賽

「三大自由車環賽」，指的就是歐洲最盛大的三場職業自由車賽事，分別為環法自行車賽、環義自行車賽、環西自行車賽。

環法自行車賽一般於每年 6-7 月在法國舉辦；環義自行車賽則於 5 月的義大利舉辦，時間早於環法自行車賽；環西自行車賽比較晚，在每年的 8 至 9 月，於西班牙盛大展開。

台灣也有國際自由車環台公路大賽喔！每年都有許多國家選手來參加呢！

我也好想參加自行車賽喔！

邊騎腳踏車邊欣賞台灣各路美景，超級浪漫。

🚲 Q32
為什麼自行車公路賽中，
都會有穿點點服裝的車手？

我猜這麼盛大的比賽，一定會有很多攝影機跟拍，點點服最顯眼，最容易被拍到。

應該是搞笑的吧，就像小丑會穿點點裝一樣。

只有獲得殊榮的選手才能穿上這些服裝喔！

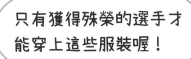
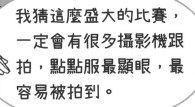

具有**特殊意義**的自行車服。

　　一場刺激的環法自行車賽，取決於每個車隊的策略及計畫。每個團隊中的各個成員都有自己的任務，騎得快的是領騎，而其他的隊員們則是負責為領騎開路，或是從補給車取水或食物供隊友補充體力。隊友之間需要有高度的默契，他們有時候會貼近彼此，速度幾乎一致，這樣的方式可以減少風阻，讓所有人可以保持體力，讓最有奪冠希望的領騎在適當的時機加速往前衝，領先其他隊伍選手。而平地、山路的進攻節奏也會因地形而有所不同，所以在比賽時，所有人都得要聚精會神，臨機應變。

　　車隊一下子聚集、一下子突圍而出，要分辨這些車隊，車服就是非常重要的一個標誌，而且其中還有少數幾件具有特殊意義。

自行車衣的祕密

　　同一個隊伍的選手們，身上所穿的車衣就象徵整個團隊，上面通常會有贊助廠商的標誌，整體設計除了可以讓贊助廠商更具知名度，最大的優點就是幫助觀眾，從茫茫車海中辨識出自己支持的隊伍。

　　但是在這眾多車衣中，眼尖的人肯定會發現，有少數幾個人的車衣穿的跟隊友們都不一樣，有紅點衣、黃衣、白衣和綠衣。這可不是選手故意和隊友穿的不同，而是代表他們在每一段的比賽中，表現優異所獲得的「戰袍」呢！

代表各站總冠軍的黃衣

環法自由車公路賽分為許多路段，並且分許多天舉行，而每一天用最短時間勝出的選手就是冠軍，便能獲得黃色車衣。車衣使用黃色，是為了紀念最一開始舉辦環法自行車賽的報社《汽車報》，據說當年他們用黃色紙張印刷，於是大會便採用黃色作為冠軍的象徵。

1913 年的環法自行車賽冠軍菲利浦・蒂斯本來還不想穿黃色車衣，因為太顯眼，容易被對手看出動向。

代表登山王的紅點衣

環法自行車賽的選手們，需要克服多種地形障礙，其中以山地最為艱難，能騎著自行車爬坡，還能維持相當的車速，肯定是高手中的高手，這些優秀的登山王，就可以獲得滿布紅點的車衣。

登山王的獎項在 1933 年就有，可是當時並沒有紅點衣。直到 1975 年，才有紅點衣的出現。紅色圓點象徵了勇氣和意志力，第一位獲得這件車衣的人，是一位比利時選手——呂希安・范・因佩，他還連續六次獲得登山王的殊榮喔！

代表衝刺王的綠衣

綠色車衣是在 1953 年，適逢環法自行車賽 50 周年時登場，它是頒給衝刺積分最高的選手。在每一個路段，會有中途的衝刺點和終點的衝

刺點，在這些路段衝刺速度最快的選手可獲得積分，加總起來獲得最高分的人就是衝刺王。

代表最佳年輕車手的白衣

白色車衣在 1968 年出現，一開始，只有總積分、登山積分和衝刺積分都是第一名的選手，才可以獲得白色車衣，代表著最鶴立雞群的王者。

不過到了 1975 年，白色車衣開始頒給 26 歲以下、總成績排名領先的選手，象徵著自行車界的未來希望。

偶像，簽名！

Q33
現代五項是怎麼決定的?

這是現代五項的標誌,你們看得出有哪些運動嗎?

我看出有射擊和擊劍!

有游泳、騎馬!

最後一項就是跑步了。

由戰鬥技能演變而來的現代五項。

奧運各類賽事，在每一種項目中的選手，都仰賴單一技能來一分高下，游泳就看誰游得快、跑步就看誰跑得快、射擊就看誰射得準、球類運動就看誰得分最多。可是，有一個項目是選手必須綜合多種技能，才有辦法打敗其他對手。

這個項目就是「現代五項」，指的是參賽選手必須通過五個項目的考驗，加總起來得分最高的即為冠軍，這五個項目分別為游泳、擊劍、馬術、跑步和射擊。五個運動項目逐一進行，所以會花費很長的時間，對選手來說，長時間的競賽對體力、專注力，以及精神都是一大考驗，更不用說在項目轉換之間，選手也需要運用身體不同的肌群來應付比賽，也是非常困難的事情。

不過，到底為什麼要一次比賽五個項目呢？現代五項是由現代奧運的創始人——顧拜坦所創立的項目。

熱愛體育的軍人

出生於瑞典的顧拜坦年輕的時候是一名水手，後來因緣際會加入軍隊，在從軍期間也開始接觸擊劍和體操等運動。在顧拜坦的軍事生涯中，全心全意的投入了體育運動，也教授學生體操、擊劍等運動項目。身為一位軍人，同時又是一位老師，顧拜坦發現瑞典的體育風氣非常低迷，所以他致力提振瑞典的體育風氣。

顧拜坦肖像。　　圖片來源：維基百科

　　後來，顧拜坦也積極參與國際體育運動，成了國際奧委會的創始人，他想到，在 19 世紀時的法國拿破崙時期，有一名騎兵臨危受命傳遞訊息，冒著生命危險騎馬穿梭在敵陣之中，結果遇到手持利劍的敵人阻擋，騎兵下馬比劍決鬥，雖然勝利了，但馬匹卻意外被遠處的敵軍射殺。這名騎兵當然不能放棄，於是他掏槍擊斃了遠方敵人，繼續往目的地奔跑，甚至還泳渡急流，最後終於安然把訊息傳到目的地。

　　有沒有從這段歷史故事中發現了與現代五項相關的項目了呢？沒錯，顧拜坦把馬術、擊劍、射擊、跑步和游泳的項目結合，等於是讓選手們重現當時的緊張氛圍。

　　參加現代五項的選手們，當然不是重現戰爭場景，但要在一天比完也著實不輕鬆。在游泳項目，選手們以自由式游完 200 公尺，接著轉移場地，在擊劍項目，以利劍在 1 分鐘內擊敗對手。馬術則是在開賽前 20 分鐘抽選馬匹，利用 20 分鐘和馬匹相處，接著騎馬上場跨越各種障礙。

　　最後是射擊和跑步混合，前三項比賽總分最高的選手可以先出發，跑 1000 公尺後到射擊場，在 70 秒內擊中 5 個目標，重複三次，才算是完賽。

　　選手們必須同時擁有耐力、爆發力、強韌的意志力，甚至還要有馴服馬兒的技術，看起來根本就像是專業戰士了呢！

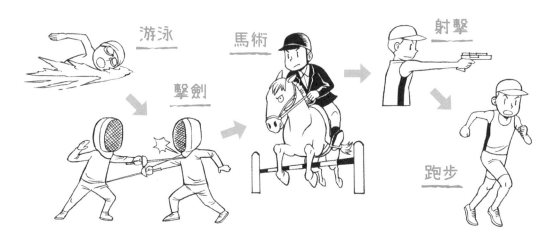

古代也有五項

現代五項的「現代」二字，是為了和古代奧運做區分，也就是說，在古代的奧運比賽中，也有所謂的「古代五項」喔！

古代五項分別為鐵餅、標槍、跳遠、賽跑和角力，這些項目也是從斯巴達人訓練軍隊中發想而來，而最後的冠軍，代表擁有力量與速度的最大贏家，是大家眼中的五項全能，可說是至高無上的榮耀呢！

我最想參加角力。

Q34
鐵人三項為什麼是比 游泳、自行車和跑步?

每一個項目都很難，要一次完成需要鋼鐵般的意志才行吧。

才不是，都叫做「鐵人」了，代表需要鐵打的身體，像我這種弱女子就沒辦法了。

其實鐵人三項的項目，也是像你們這樣爭吵決定出來的喔！

為了較量哪種運動才厲害
而結合的鐵人三項。

近十幾年來，馬拉松賽事開始在世界各地盛行，這陣旋風當然也刮到台灣，根據統計，台灣每年舉辦的路跑賽超過 500 場，就算是疫情過後，還有 400 場左右的賽事，由此可見馬拉松在許多台灣人的心中，有著不減的魅力。

自行車賽事雖然不如馬拉松比賽多元，可是台灣人騎單車的風氣一點也不輸路跑。每逢假日，便可看到河濱公園、公路上，熱愛自行車的騎士們，逆著風、奮力踩著踏板，為的就是挑戰自己的肌力與耐力。游泳就更不用說了，台灣四面環海，游泳等於是必備技能。

以上說的三種運動，每一項都極為不容易，身體要有強韌的肌力之外，還要有良好的協調性，以及強壯的心肺能力，才有辦法完成。那麼，到底誰想出了這麼瘋狂的方法，把三種項目全部加在一起，變成鐵人三項競賽呢？

第一場三項運動

在還沒有鐵人三項比賽之前，其實在 1920 年的法國，就已經有結合游泳、賽跑和自行車的比賽，根據當時的報紙報導，參加比賽的選手們，必須跑完 3 公里的路程，然後再騎乘 12 公里，最後還要跳下馬恩河（流經法國巴黎盆地東部的河流），橫越河面後才算完成比賽。

　　以現在的標準來看，其實不算困難，在當時其實是頗具難度的比賽，所以也沒有引起太多迴響和討論，但是賽事每年都持續舉辦。

　　到了 1974 年，在美國聖地牙哥有一個運動俱樂部，成員都是由游泳、跑步與騎車好手所組成的。在俱樂部成員的支持下，俱樂部舉辦了史上第一個結合三項運動的比賽，稱為「Triathlon」，這也是鐵人三項的開端。

到底誰最強？

　　至於鐵人三項中的鐵人名稱，是怎麼來的呢？

　　這就要說到 1978 年，在夏威夷舉辦的一場長距離賽事了。那場比賽叫做「夏威夷鐵人三項全能賽」，參賽者必須游完 3.86 公里、騎完 180 公里的路程，接著還得再跑一趟 42.195 公里的全程馬拉松。比賽內容在當時聽起來簡直接近瘋狂，大家都在猜想到底是誰舉辦這麼「不要命」的比賽。

　　原來起因是一年前，在歐胡島的一場接力賽，當時參賽者大多是游泳健將和長跑好手，於是大家開始討論到底是跑步選手比較厲害，還是游泳選手比較強，在所有人爭論不休時，偏偏在場又有一位海軍指揮官——約翰・柯林斯，指出單車選手才是最強的。沒有人願意退讓，最後，大家決定全部都來比一次就知道了。

　　於是柯林斯提出建議，把游泳、長跑和單車結合成一場比賽，才產生了夏威夷的鐵人三項賽。在出發前，選手們都收到一本比賽手冊，裡頭提到：「誰率先完成比賽，就能被稱為真正的『鐵人』。」鐵人三項的名號至此開展，直到現在。

項目	游泳	自行車	跑步	總距離
長距離賽	3.8 公里	180 公里	42.195 公里	226 公里
半程賽	1.9 公里	90 公里	21 公里	113 公里
標準賽	1.5 公里	40 公里	10 公里	515 公里
衝刺賽	750 公尺	20 公里	5 公里	25.75 公里

現在鐵人三項大多舉辦的是標準賽，也就是游泳 1.5 公里、自行車 40 公里，以及跑步 10 公里。

Q35
角力就是職業摔角嗎？

摔角選手的服裝跟招式都超級華麗，應該和角力不一樣吧。

但是摔角和角力都是兩個人近距離接觸纏鬥。

角力運動可是非常古老的呢！

摔角其實就是角力的一種形式喔！

職業摔角是角力的一種。

　　只要一提到摔角,腦海中浮現的就是臉上畫著凶狠的惡魔妝、身上穿著炫麗奪目的摔角服,雙方摔角選手使出各種華麗又出人意料的招式,將對手打倒在地。再對比正統的角力比賽,也是兩人近距離搏鬥,使出各種摔技、抓技,讓對手倒地。差異甚大的兩種比賽,居然是同一起源,也就是說,摔角是由角力衍生出來的運動喔!

　　角力是一種相當古老的運動,最早的紀錄出現在距今 15000 年前的古埃及時期,在貝尼哈桑墓穴的壁畫中就刻畫了各種角力動作。而在古希臘羅馬時期,角力的圖像也常出現在各種陶器、壁畫上,甚至也在許多典籍中被提及,由此可見,角力在當時備受重視。

　　在古希臘羅馬時期,角力是一種高尚的運動,有著嚴格的規定,參加角力的人為了壓制對手,需要有強大的力量和技術,在比賽過程中也容易受傷,上場的選手可說是為了榮耀而賭上性命。

角力的分類

　　在正式的角力比賽中,很常看到穿著紅色角力服和藍色角力服的兩位選手奮力搏鬥,雖然看起來很單純,就是想盡辦法將對手摔倒在地上,但其實角力還可以細分為兩類,規則大不相同,分別是「希羅式角力」以及「自由式角力」,只要了解這兩種方式,就能從觀看角力比賽中獲得更多樂趣。

「希羅式角力」又叫做希臘羅馬式角力，比賽時規定選手只能使用手臂和上半身，想辦法纏抱對手後並且讓他摔倒，嚴禁使用下半身攻擊、也不能碰觸到對手的下半身。

> 由於規則的限制，讓希羅式角力看起來沒這麼危險，選手們所使用的招式也比較沒有這麼多花招。而角力在 1896 年的雅典奧運首度登場，選手們所比的就是希羅式角力喔！

「自由式角力」就靈活多了，選手們可以使用全身的部位去攻擊對手的全身，不侷限在上半身。而且在國際規則中，選手也能任意使用各種技巧，例如抓、握、抱、摔等招式，只要可以將對手摔倒或壓制在地上就能得分。

由於自由式角力自由度高，為了避免選手在比賽中太過激動，因此禁止踢、拳等攻擊方式，也不能攻擊對手的咽喉、頭部等脆弱的部位。在1904 年，自由式角力成為奧運比賽項目。

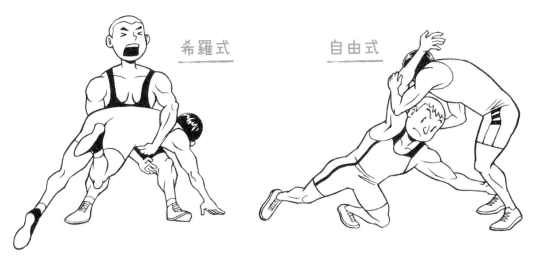

希羅式　　　自由式

咦，最一開始不是才說摔角其實就是角力的一種嗎？可是角力主要是將對手壓制在地面，而不是讓對手受傷，但為何職業摔角選手們，一上場就是恨不得將對手打的頭破血流？

職業摔角可以說是一種表演藝術，即便是摔角手各自擁有響亮又恐怖的名號，但在擂台上的任何招式，都是選手們經過長時間練習的一種表演，可以將受傷的程度降到最低，例如說選手在擂台上的重擊，其實是搭配腳踩地板故意發出極大的聲響，來誘導觀眾相信對手受到重創。

擂台本身也經過特殊設計，像是地板底下裝有彈簧，具有彈性，讓選手們在比賽時可以緩衝力道，而各種意想不到的工具，像是椅子、桌子等，也是經過特殊設計，就算砸在身上也不會受傷。

球類運動的規則真的是太有趣了。

踢球就像玩遊戲一樣呢！

找到運動的樂趣那就太棒啦！

那麼我們下一堂課再見唷！

下課啦！

我的運動筆記

★ 我最喜歡的運動 _____

★ 我最擅長的運動 _____

★ 我最喜歡觀看的運動比賽 _____

★ 我最喜歡的體育選手 _____

_____

_____

_____

_____

_____

_____

_____

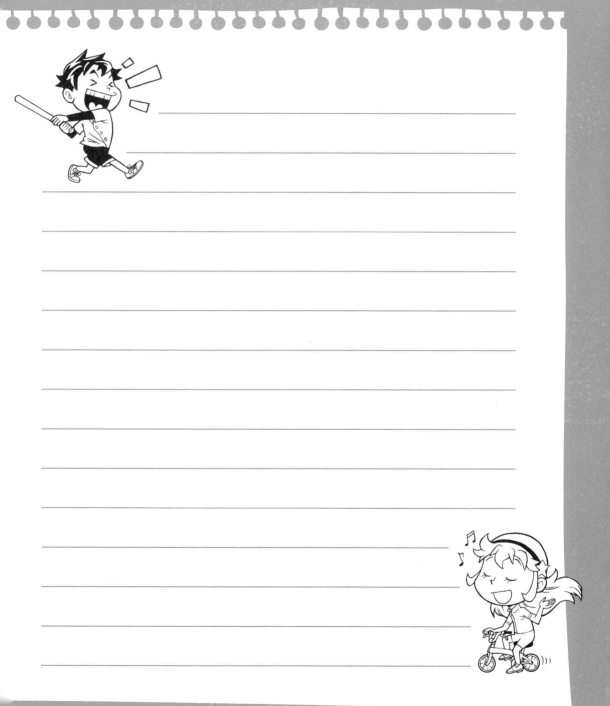

不得了！超有料的體育課

歷史篇：古代人更瘋運動

企劃｜小木馬編輯部
文｜王致凱
圖｜傅兆祺

總 編 輯｜陳怡璇
副總編輯｜胡儀芬
助理編輯｜俞思塵
題目整理｜小木馬編輯部、涂皓翔
美術設計｜吳孟寰
行銷企劃｜林芳如

出版｜小木馬／遠足文化事業股份有限公司
發行｜遠足文化事業股份有限公司（讀書共和國出版集團）
地址｜231 新北市新店區民權路 108-4 號 8 樓
電話｜02-2218-1417
傳真｜02-8667-1065
Email｜service@bookrep.com.tw
郵撥帳號｜19504465 遠足文化事業股份有限公司
客服專線｜0800-2210-29
法律顧問｜華洋法律事務所　蘇文生律師
印刷｜呈靖彩藝有限公司

2024（民 113）年 6 月初版一刷
定價 350 元
ISBN｜978-626-98735-0-0
　　　 978-626- 98735-1-7（EPUB）
　　　 978-626-98585-9-0（PDF）

有著作權・翻印必究

特別聲明：有關本書中的言論內容，不代表本公司／出版集團
之立場與意見，文責由作者自行承擔。

國家圖書館出版品預行編目 (CIP) 資料

不得了！超有料的體育課 . 歷史篇：古代人更瘋運動／
王致凱作 . 傅兆祺繪 -- 初版 . -- 新北市：小木馬，遠足
文化事業股份有限公司 , 民 113.06
152 面；17x21 公分
ISBN 978-626-98735-0-0(平裝)
1.CST: 運動 2.CST: 世界史 3.CST: 通俗作品

528.99　　　　　　　　　　　　　　　113008078